Tobias Hirte

Der Freund in der Noth

oder Zweiter Teil, des neuen auserlesenen gemeinnützigen Hand-Büchleins

Tobias Hirte

Der Freund in der Noth

oder Zweiter Teil, des neuen auserlesenen gemeinnützigen Hand-Büchleins

ISBN/EAN: 9783743474130

Hergestellt in Europa, USA, Kanada, Australien, Japan

Cover: Foto ©ninafisch / pixelio.de

Manufactured and distributed by brebook publishing software (www.brebook.com)

Tobias Hirte

Der Freund in der Noth

No. 43.

District of *Pensylvania*, to wit:

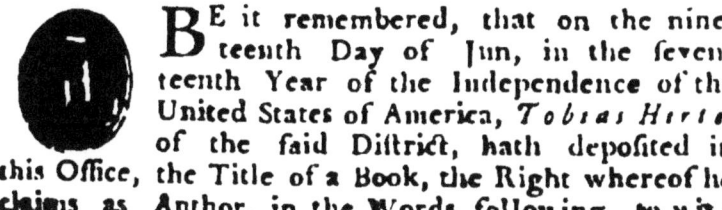

BE it remembered, that on the nineteenth Day of Jun, in the seventeenth Year of the Independence of the United States of America, *Tobias Hirte*, of the said District, hath deposited in this Office, the Title of a Book, the Right whereof he claims as Author, in the Words following, to wit:

Der Freund in der Noth, oder Zweiter Theil, des Gemeinnützgen

Hand-Büchleins,

darinnen allerhand Arten solcher nützliche Kenntniße und Wissenschaften zu finden, die alle Gattungen von Menschen, wes Standes, Geschlechts, und Alter er ist, nahe angehet, und beydes Nutzen und Vergnügen schaffen wird. Von welchen der Inhalt auf folgenden Seiten, und mehrere Nachricht in dem Vorbericht, befindlich ist. Für die Deutsche Nation in America, heraus gegeben von Tobias Hirte. Philadelphia.

In Conformity to the Act of the Congress of the United States, entituled, "An Act for the Encouragement of Learning, by securing the Copies of Maps, Charts and Books, to the Authors and Proprietors of such Copies during the Times therein mentioned."

SAMUEL CALDWELL,
Clerk of the District of Pennsylvania.

Innhalt,
Der in diesem Zweyten Theil enthaltenen Materien.

Vorschrift: was man thun soll, daß bey Sterbefällen, die Leute nicht eher begraben werden, als bis sie todt sind. 1
Was man mit Leuten machen soll, von denen man nicht gewiß weiß, ob sie todt sind. 6
Lehre, wie man mit erfrornen Leuten umgehen soll, um sie zu retten 8
Rettung der Erhängten, Erwürgten oder Erdrosselten. 17
Die Vorboten des Todes, ibid.
Scheinbarer Tode durch die Electricität zu retten, 18
Zwey neue Artzeney-Mittel gegen die weisse Augenflecken, und gegen den Skorbut, 19
Ein neues Mittel gegen die Auszehrung, 20
Wenn jemand Gift genossen. Hülfs-Mitteln dagegen, 22
Gegen den giftigen Biß der Schlangen, 24
Von Schlafen und Wachen, 25
Von der Schwindsucht, und wie man dieselbe sowohl verhüten als hintern kan, 28
Was bey dem Schlachten und Fleisch-Essen in acht zu nehmen, 34
Trauriger Erfolg der heftigen Leidenschaften, die so gar den Tod nach sich ziehen. 42
Von den Verwahrungs-Mitteln bey anstekenden Krankheiten, 48
Von der Reinlichkeit, 51
Syrup, vor die so in den letzten Zügen liegen, und sich nicht wieder erholen können. 55
Wider die Pest, ibid.

Ein geschwollen Knie zu heilen, da der Brand
  zuschlagen kan, ... ibid.
Vor Gebrechen der Augen, ... 56
Ein anders dafür, welches ein Geheimniß gewe-
  sen in des Marschalls Torstens Sohn
  in Schweden, ... —
Die Heilung des schwarzen Staars durch die
  Electricität. 57
Harnen zu machen, ob man es auch schon in
  vierzehn Tagen nicht thun können, und
  den Stein und Grieß fortzutreiben, 58
Ein zusammenziehendes Mittel das bluten einer
  Wunde oder Nasen zu stillen, . —
Für das dreitägige Fieber, . . . —
Vor die so der Schlag gerührt . . —
Ein sehr kräftiges Wasser, welches die Zähne stär-
  cket, und bewahret das Zahnfleisch für Fäule, 59
Gegen den Biß von tollen Hunden, . —
Mit einer Bley———— ey Löcher zugleich auf
  einen ———— Schuß zu machen. —
Eine beson———— zu fangen. . 60
Die Fisch———— det, wo ihr sie hinbegehret,
  zu bringen, . . . —
Ein Licht unterm Wasser zu brennen, Fische da-
  mit zu fangen, . . . 61
Vögel mit der Hand zu fangen, . 62
Zu machen, daß eine Flinte weit schiesse . —
Ein Licht das nicht kan ausgelöscht werden, . —
Die Raupen von den Bäumen herab fallen zu
  machen. . . . —
Die Wanzen zu vertreiben, . . —
Die Flöhen zu tödten. . . . 63
Die Fliegen sterben zu machen, . . —
Im Wasser oder sonst ersoffene Fliegen wieder
  lebendig zu machen, . . —
In der Nacht nach der Uhr zu sehen, . 64
Ohne Beyhülfe eines Demands, ein Glaß, Spie-
  geltafel, oder so gar ein Stück Chrystall,
  so dick er auch sey, nach der mit Dinte
  vorgerissenen Zeichnung auszuschneiden, —
Eßig aus Wasser Wein, oder Bier zu machen, —

Den

Den Eßig vor dem Verderben in der Haushal-
    tung aufzubewahren.   67
Bier, den Sommer und mehrere Jahre hindurch,
    gegen die Säure zu bewahren.   —
Einfaches Mittel Quellwasser unter der Erde zu
    entdeken.   68
Zu verhindern, daß der Wein nicht sauer werde. —
Die Weinprobe, oder die Verfälschung des Weins, 69
Bier einen sehr lieblichen Geschmak zu machen, 70
Eßig in trokner Gestalt zu machen zur Reise   71
Eis im Sommer zu machen.   —
An jedem Wintertage, natürliche frische Blumen
    aufzuzeigen.   —
Problen einen zwölf Fuß langen Ast, von wel-
    chem Baum es sey, mitten im Winter
    abzunehmen, und in 24 Stunden zur
    Blüthe und Frucht zu bringen   72
Die Kornerndte einträglicher zu machen   73
Methode, das Auskeimen, und Auswachsen des
    Getreides in den Garben, und auf dem
    Felde zu verhüten.   74
Das Mittel, den Reif und Frost, zur Blüthe
    Zeit von den Obstbäumen, und Wein-
    stöken abzuhalten,   75
Von demjenigen, was ein Liebhaber der Pferde
    beym Einkaufe derselben zu beobach-
    ten hat.   76
Die Krankheiten der Pferde,   77
Vom Aderlassen,   —
Wenn ein Pferd ein Fell über das Auge hat,   —
Darmgicht der Pferde,   78
Würme der Pferde   79
Die Krankheiten des Hornviehs, mitteln dage-
    gen,   81
Die Fehler der Kuhmilch,   82
Wenn eine Kuh nicht Kalben kan,   83
Wenn eine Kuh Blut in der Milch giebet,   —
Bewährtes Bewahrungs-Mittel gegen die an-
    stekende Krankheiten des Rindviehes,   84
Die Ursachen der Krankheiten des Hornviehes,   85

Inhalt.

Doctor von Swietens Pillen, dessen Nutzen und Gebrauch	86
Von der Arzeney-Kunst, und ihren Theilen	90
Freye prosaische Uebersetzung einiger Sinngedichte des Owen's,	95
Beschreibung, des in Italien liegenden grossen Feuerspeyenden Berge des Aetna.	97
Von den Astronomischen Wissenschaften.	100
Von den Schiffen und der Schiffahrt	101
Von der Haushaltungs-Kunst.	105
Von der Religion	105

Vorbericht.

Vorbericht.

Es ist eine ausgemachte Wahrheit, daß wir Menschen, in der kurtzen Zeit unsers Daseyns, hier auf Erden, viel ruhiger, zufriedner, wenigstens viel freyer von vielen Leiden, und Jammer Leben würden, wenn wir mehr darauf bedacht wären, uns einer dem andern hülfreiche Hände zu bieten—oder jenen herrlichen Befehl des Geistes GOttes zu erfüllen:

"Diene einer dem andern, mit der Gabe, die
"er empfangen hat; als die guten Haushalter
"der mancherley Gaben GOttes!"

Wenn ich mir bey diesen Gedanken, meine vielen werthen, in den Americanischen Frey-Staaten, wohnhaften Deutschen Landsleute dachte, so konte es nicht fehlen, ich mußte auf Mittel denken, auch nach meinem geringen Vermögen, in meinen eingeschränkten Wirkungs-Kreis, ihre häusliche Leiden zu vermindern, ihr Glük und ihre Zufriedenheit zu vernehmen, und zu dem Endzwek habe ich dieses Büchlein gesammlet, auf eine nicht geringe Kosten für dich liebes theures Volk! drufen lassen—

Man erlaube mir, daß ich mich darüber etwas näher erklären darf.

Schon seit einigen Jahren, machten meine Geschäfte, mir viele Reisen nothwendig und zwangen mich oft in Häuser einzukehren, wo ich eigentlich gar keine Bekantschaft hatte. Ich fand die Deutschen arbeitsam, Wohlhabend, Sittsam, und Tugendhaft. Ja, ins ganze genommen, haben sie so viele andere gute Eigenschaften, und verdienen unsere ganze Hochachtung—Man siehet und erfähret bey ihnen den Reichthum und Segen, welchen GOtt in den Erdboden, und auf den Arbeits-Fleiß der Menschen gelegt hat.

Vorbericht.

Da aber kein Zustand in der Welt ist, der nicht Ver-
änderungen unterworfen wäre, so traf sich auch manche
häusliche Leiden an, die so klein, und unbedeutend sie
auch beym ersten Anblick schienen, dennoch auf Tage,
Monate und Jahre lang, den Gang der Zufriedenheit,
Ruhe und guten Muth, einer ganzen Familie, oft einer
ganzen Nachbarschaft hinderten.

Der Hausvater zum Beyspiel, hat Schmerzen in den
Gliedern, so gleich kan die Hausmutter ihrer Geschäfte
nicht abwarten wie sonst; so gleich fehlt es überall,
Oder die Hausmutter ist unpäßlich—oder ein Kind
fühlt die Schmerzen eines verdorbenen Magens, oder
jammert am Zahnweh, sogleich ist Ruhe, und Ordnung
im Hause gestört—um so viel mehr, da Leute entfernt
von Appothecken, und ordentlichen Doctoren, sich selbst
nicht zu rathen wissen, oder wol gar, durch ihre so
genannte Hausmittel, das Uebel nur ärger machen.

Eben dieses gibt, wenn sich Unfälle auf den Feldern,
oder in den verschiedenen Ställen der Thiere zu tragen,
da weiß man weder das Uebel auszurotten, noch einem
empfindlichern Verlust zuvorzukommen, oder mit leichter Mühe den Schaden zu heben.—Da dennoch den
mehresten Unfällen und Krankheiten, an Menschen
und Thieren, so wie auch dem äußerliche Schaden derselben, mit leichter Mühe, und geringen Kosten abge-
holfen wäre—

Gewiß unser GOtt ist kein Stiefvater gegen das
menschliche Geschlecht; er legt uns eine Last zwar auf,
aber er hilft uns auch dieselbe tragen. Wir haben
dabey weiter nichts zu thun, als daß wir nur unsern Verstand brauchen, die Hülfs Mittel ausfündig
zu machen, die er mit milder Vatergüte für jeden Un-
fall bescheret hat, und dann, daß wir unsern Willen,
auch dahin neigen, dieselbigen nun wirklich anzuwenden.

Diese Mittel aber auszufinden sie durch Erfahrung
prüfen, das ist nicht jedermans Ding. Nicht ein jeder kan sich die Menge von Büchern anschaffen, indem die Weisen, unter allen Nationen, in ihren verschiedenen Sprachen, sie zum Nutzen des menschlichen
Geschlechts

Vorbericht.

Geschlechts bekannt gemacht haben: (Auch ist leider in America sehr wenig Gelegenheit dazu.) Allhier aber hat der Leser den grossen Vortheil, mit wenig Kosten und Mühe, aus einer Menge von weitläuftigen und kostbaren Büchern, gleichsam als den Kern derselben in ein Büchelgen diese Mittel beysammen zu finden. Jedoch erfordert die Wahl derselben, den besondern Zwecken gemäß, dies Werk allgemein brauchbar und nützlich zu machen viel Mühe und Zeit, weil diese Vorschriften meistens nur einzeln und zerstreut, in denen Büchern vorhanden.

Findet dieses Buch den nehmlichen Beyfall und guten Abgang, den das erste, über meine Erwartung anzutreffen das Glük hatte, so ist wenigstens meine gute Absicht, von Zeit zu Zeit für eine ähnliche Fortsetzung derselben zu sorgen, und so hoffe ich im Stand zu seyn, denen Deutschen in America ein vollständiges Hand und Hauptbuch liefern zu können, welches ihnen bey allerley zustossenden widrigen Zufällen, ein Lehrer, ein Arzt, und eine sichere Hülfs Quelle seyn wird. —

Daß ich auch etwas in diesem Büchlein habe drufen lassen (so wie ich es auch in denen folgenden zu thun entschlossen bin) welches eigentlich zu den ebengemeldeten Zweck nicht gehört, sondern welches blos einen angenehmen Zeit Vertreib verschaft, wenn man es in Arbeits freyen Stunden ließt, geschahe vorzüglich der Deutschen Jugend wegen.

Aus einer Menge von auserlesenen raren Recepten, die den Leser meistentheils noch unbekannt, und neu seyn werden, habe nur diejenigen herausgesucht, welche mir die merkwürdigsten und nüzlichsten zusehn schienen.

Im übrigen wird ein jeder nachdenkender Leser nur wenige Blätter ansehen dürfen, um etwas zu finden, was ihm gefallen wird, und weil der Geschmack bey allen nicht einerley seyn kan, bedenken, dasjenige, was für ihn eben nicht gehört, sey für andere, die wiederum dieses nicht suchen, was ihm gefällt. Alle aber überhaupt werden es wahr befinden, daß hier ver-

schiedenes

Vorbericht.

schiedenes anzutreffen, welches sie anderstwo vergeblich suchen würden.

Ich war erstens willens, noch einige anderle eine Historische Auszüge mit gegenwärtigen zu liefern, von welchen ich vermuthen kunte, daß sie den Leser ein angenehmes Stündgen zur Unterhaltung verschaffen würden, allein, um nun nicht diesen Theil dem ersten in der Stärke gänzlich ungleich zu machen, und ich auch nach meinem Urtheil Ursach zu glauben hatte, daß ein kleines bequemes Handbuch, dem Arbeitsamen Deutschen Landmann, der nicht viel Zeit zum lesen zu verwenden hat, das liebste seyn wird, theils auch den Preis nicht zu hoch habe wollen anlaufen lassen, so hab ich mich am Ende genöthigt gefunden, sie vor das mal ganz auszulassen, verschiedene andere Artikel hingegen, habe der Kürze wegen abgebrochen, von welchem aber die Fortsetzung mit dem nächsten Theil nachfolgen wird.

Liebe deutsche Landsleute!

Empfanget dies Büchlein, als einen Rathgeber und Helfer, als eine Zuflucht, mit gar wenig Kosten verknüpft.

Ich wünsche, daß euch alle die erbarmende Fürsehung der Unfälle bewahre, daß ihr die Sätze, dieses Büchleins nie nöthig haben möget; aber eben so herzlich wünsch ich, daß keiner, der leidet, dasselbe entbehren, sondern gleich bey der Hand haben möge,—damit die Stunde durch den Gewissens-Vorwurf nicht noch böser werde—Ich hätte mir diesen Freund in der Noth an guten Tagen anschaffen können, itzt muß ich ihn entbehren.

Drum kauft es in der Zeit, so habt ihrs in der Noth,
  Alsdenn wird es euch herzlich freuen,
Wenn ihr Erleichterung find. Die Hülf kemt zwar
  von GOtt:
    Doch müßt ihr gute Mittel leiben.
Die schenket die Natur, wie dieses Büchlein lehrt,
  Das demnach Elend kürzt, und Menschen Glük vermehrt.

Zweyter

Zweiter Theil.

Vorschrift: was man thun soll, daß bey Sterbefällen die Leute nicht eher begraben werden, als biß sie todt sind.

Bis ich todt bin, begrabt mich nicht,
Sonst klag ich es vor Gott's Gericht!

Man hat leider! gar viele und klägliche Exempel, daß Leute sind begraben worden, welche nicht wahrhaftig Todt waren: sondern nur in tiefen Ohnmachten lagen. Ein Mensch ist nehmlich nicht gleich todt, wenn er nicht mehr hört, nicht sieht, sich nicht bewegt, und nicht mehr Athem holt. Er kann ganz kalt, starr und steif seyn und lebt doch noch. Er kan so gar blaue Flecken am Leibe haben und die Augen können ihm gebrochen seyn, und ist doch nicht todt. Solche tiefe Ohnmachten entstehn, wann das Blut aufhört in den Adern zu fliessen, und wenn das Herz und der Puls still steht. Aber da ist der Mensch noch nicht todt: sondern er stirbt alsdann erst, wenn das Blut in seinen Adern gerinnt, und sich scheidet wie saure Milch. Da geschiehet erst der rechte Tod.

Bey jungen Leuten geschieht es nun öfters, als bey alten, daß sie aussehen als wären sie todt, und sind es nicht. Doch ist zu Waltershausen in Sachsen-Gotha auch eine Frau von 70 Jahren wieder erwacht, als sie schon abgewaschen und angekleidet war. Ihr Schwiegersohn wollte mit Hülfe einer Nachbarin die Leiche aus dem Bette heben. Da sagte die Nachbarin; er sollte sie bey der grossen Fuß=Zehe anfassen; weil man den Glauben hat, die Todten kämen nicht wieder, wenn man es so mache. Ob nun wohl kein Todter, der wirklich todt und begraben ist, wieder kommen kan: so that es der Mann doch. Und siehe da! was geschicht! die alte Mutter richtet sich auf, und streckt ihre Arme nach dem Schwiegersohne aus, der vor Schrecken fast zu Boden sinkt. Sie lebte nun noch drey Tage, ehe sie wirklich starb. Diese Frau wäre also gewiß im Grabe wieder aufgewacht, wenn man sie zu bald begraben hätte: welches aber in Sachsen-Gotha von der Herrschaft verboten ist.

Die Kranckheiten, bey welchen der Mensch so sehr von Sinnen kommen und ohnmächtig werden kan, als ob er todt wäre, sind Schlagflüße, Stickflüße, Blutflüsse, fallende Sucht, Starrsucht, Schlafsucht Mutterbeschwerden, milzsucht, Darmgicht, Pest. So auch wenn die Mutter oder Kinder über der Geburt oder gleich darnach verscheiden, oder wenn die Mutter stirbt, ehe sie gebohren hat, da das Kind noch leben kan. Am öftesten geschiehet es aber, wenn Leute, die sonst gesund sind

sind, plötzlich ums Leben kommen, es sey durch innerliche Zufälle, oder durch äusserliche. Daher denn auch Ertrunckene, Erhenckte, von bösen Dünsten erstickte, von Blitz getroffene, Erfrorne, vor Freuden oder Schrecken gestorbne, schwer gefallen oder an einer Wunde verblutete, nicht für todt, sondern nur für ohnmächtig zu halten sind: biß man ordentlich probiert hat, ob sie noch Leben in sich haben. Auch muß man besonders vorsichtig bey solchen seyn, welche sonst zu Zeiten Ohnmachten gehabt haben.

Es giebt aber kein ganz gewisses Zeichen des wirklichen Todes, als den faulen Todtengeruch, den jedermann unterscheiden kan: und wenn dieser sich eingestellt, fangen die Leichen auch an zu gähren (aufzulaufen), so daß der Schaum vor den Mund tritt, und schwarzblaue Fleken am Leibe zum Vorschein kommen. Dieses muß man bey jedem verstorbenen abwarten, ehe man ihn begräbt; aber länger braucht man nicht zu warten.

Wenn sich diese Zeichen auch schon etliche Stunden nach dem Absterben einstellen, so ist der Tod doch gewiß.

Damit nun kein Mensch begraben werde, ehe diese Zeichen wirklich da sind, so muß

1) Jeder Hausvater, der kein Mörder an den Seinigen werden will, selbst darauf sehen, daß aus seinem Hause keine Leiche eher hinaus getragen werde, bis sie anfängt, nach der Verwesung und Fäulniß zu riechen.

2) Da=

2.) Damit man in der Zeit, biß die sichern Zeichen des Todes kommen, die Krancken nicht etwa aus Unvorsichtigkeit ums Leben bringen, so muß man ihnen, wenn es scheint, als wolten sie sterben, ja nicht das Kopfküssen wegziehen. Dieses ist eine sehr schlimme Gewohnheit. Denn mancher stirbt alsdann, weil das Blut mehr nach dem Kopfe zu treibt an einem Schlagflusse, der sich wieder erhohlt hätte, wenn man ihm das Kopfküssen gelassen hätte.

3.) Man muß einem Krancken, mit dem es wirklich aus zu seyn scheint, doch nicht gleich den Augenblick aus dem Bette nehmen, und wenns Winter ist, aus der Stube hinaus bringen: sondern man muß ihn 3 bis 4 Stunden noch im Bette warm zugedeckt lassen.

4.) Ist ihm nun beym Absterben allmählig die Nase spitzig worden; sind ihm die Schläfe eingefallen, die Augen tief in den Kopf gesuncken, die Ohren kalt worden; ist die Haut auf der Stirn hart und gespannt, und die Farbe schwarz oder bleich geworden; so mag man ihn nach 3 oder 4 Stunden abwaschen und aufs Stroh legen, und nun warten, bis der faule Todten-Geruch kommt, ehe man ihn begräbt.

5.) Sieht aber ein Verstorbener im Gesichte noch ziemlich unverändert aus, oder ist er schnell gestorben; so muß man ihn nicht eher aus dem Bette nehmen, biß man probirt

birt hat, ob noch Leben in ihm sey, und ob es wieder erregt werden könne? Deswegen muß man auch den Arzt oder Wundarzt nicht abweisen, wenn die Kranken todt zu seyn scheinen: sondern man muß diese vielmehr nun erst herbey rufen, daß sie zusehen, ob es der rechte Tod ist, und in zweifelhaften Fällen anordnen, wie man die Proben machen soll. Sind diese gemacht und helfen nicht: so wartet man mit der Beerdigung doch noch, biß die oben beschriebenen Zeichen des Todes, nemlich der Geruch und die schwarzblauen Flecken kommen: wenn es auch mehrere Tage dauern sollte.

6.) Es ist ein löblicher Gebrauch, auf dem Gottesacker die Särge, ehe sie eingesenckt werden, noch einmal zu öfnen, und die Todten von den Begleitern anschauen zu lassen, um desto gewisser zu seyn, daß sie todt sind; nur darf es nicht geschehen, wenn sie eine ansteckende Kranckheit gehabt haben. Der Pfarrer kan dabey sprechen: *Ein Mensch ist in seinem Leben wie Graß: Er blühet wie eine Blume auf dem Felde. Wenn der Wind darüber gehet: so ist sie nimmer da; und ihre Stätte kennet sie nicht mehr.* Pf. 103, v. 15. 16.

Was man mit Leuten machen soll, von denen man nicht gewiß weiß ob sie todt sind.

Schlägt deine Hülfe auch nicht an:
Hast du doch deine Pflicht gethan.

Wer sein Gewissen verwahren will, muß es in solchen Fällen machen, wie der berühmte Doctor Brichier in Franckreich that. Dieser wurde zu einem Edelmann, der am hitzigen Fieber kranck lag, aufs Land gerufen, und kam zu spat. Es war schon alles zum Begräbniß fertig: nur sollte die Leiche, wie es bey vornehmen Leuten geschicht, erst vom Doctor aufgeschnitten werden, um zu sehen, was dem verstorbenen eigentlich gefehlt habe. Aber zwey Geistliche, welche in der Kammer, wo die Leiche stand, wachten, um die gewöhnlichen Gebete dabey zu verrichten, fingen an, sich darüber zu streiten, welcher von beyden sie begraben und das Begräbniß-Geld bekommen sollte? Da gieng der Doctor hinein und redete ihnen zu, daß sie ruhig seyn möchten. Bey der Gelegenheit sahe er auch nach dem Verstorbenen, und fand, daß er kein recht todtenmäßiges Ansehen hatte. Sogleich ließ er ihn in ein warmes Bett legen, und setzte ihm

ihm Schröpfköpfe auf die Brust, zwischen die Schultern und auf die Dickbeine, und schröpfte diese Theile. Den ganzen Leib ließ er mit groben gewärmten und mit Wacholderbeeren (Krammetsbeeren) durchräucherten Tüchern reiben, und beym reiben den Bauch sanft nach der Brust zu drücken. Da es noch nicht helfen wollte, legte er Spanischfliegenpflaster (Zenger) hinter die Ohren. An die Füsse ließ er gewärmte Ziegelsteine legen, und die Fußsohlen mit Bürsten reiben. Nach und nach fing der Edelmann wirklich an, wieder Zeichen des Lebens von sich zu geben. Nun hielt man ihm heisses Brod unter die Nase, und goß ihm etliche Löffelvoll warmen Spanischen Wein ein. Da fing er an zu schlurfen, und that die Augen auf, die man so wie die Schläfe, (dünnige) mit Wein angestrichen halte. Er erzehlte nun alles, was zwischen den beyden Priestern vorgefallen war, welches er in der Ohnmacht gehört hatte, ob er gleich weder reden noch ein Glied regen konte. Der Arzt stellte auch seine Gesundheit wieder her, so daß er noch ganzer zehn Jahre lebte.

Desgleichen kam ein Kaufmann in **London** zwey Tage nach dem Tode seiner Frau von einer Reise nach Hause, eben als man sie zu Grabe trug. Er wollte verzweifeln vor Traurigkeit, so lieb hatte er sie. Er ließ daher nicht nach, man mußte wieder umkehren mit der Leiche. Um nun von ihrem Tode gewiß zu seyn, fern, ließ er ihr an verschiedenen Orten des Leibes kleine Einschnitte mit einem scharffen Messer machen, und Schröpfköpfe ansetzen. Deren hatte man schon 25 vergebens gesetzt, als die Frau beym 26sten auffuhr und schrie: Ach! was quält ihr mich so? Sie erwachte nun ganz, und wurde wieder gesund. Und solcher Exempel könnte man wohl hundert anführen, welche christliche Aerzte und Obrigkeiten der Wahrheit gemäß aufgezeichnet und zur Warnung bekant gemacht haben: damit nicht der Mann an seinem Weibe, das Weib an ihrem Manne, die Eltern an den Kindern, die Kinder an den Eltern, oder Freunde an Freunden durch Nachläßigkeit bey dem begraben zu Mördern werden.

Lehre, wie man mit erfrornen Leuten umgehen soll, um sie zu retten.

Hilf deinem Nächsten in der Noth!
Was du ihm thust, vergilt dir GOtt.

Erfrorne Leute sind oftmahls, wenn sie nicht gar zu lange in der Kälte gelegen haben, nicht wirklich todt, sondern nur erstarret, und man kan sie wieder aufthauen, wie einen gefrornen Apfel; wenn man vorsichtig mit ihnen umgeht.

umgeht. So begabs sich sichs, daß der Schinder zu Kalbsdorf seine beyden Söhne über Land schickte am 26ſten December, da eben ein ziemlicher Schnee lag, der vor Kälte unter den Füſſen kniſterte." Kinder ſagte er, geht friſch darauf loß, und ſauft mir keinen Brandtwein unterweges! der macht müde und ſchläfrig in der Kälte, und wenn ſich da einer einmahl niederſetzt und ausruhen will: ſo muß er erfrieren, da iſt keine Rettung! trinckt lieber eine Kane (Maaß Seidel,) Bier: kalt Bier wärmt, wenn man darauf marſchiert." Michel, der älteſte Sohn des Schinders, gehorchte ſeinem Vater, und da ſie eine Strecke zuſammen giengen, ſo enthielte ſich auch Chriſtoph, der jüngſte, des Schnapſens, biß ſie von einander ſchieden; weil ſie an verſchiedene Orte zu gehen hatten. Nun kehrte Chriſtoph im nächſten Wirthshauſe ein und nahm einen Schnaps; im zweyten wieder einen, und da er in die Stadt kam, wo er Häute verhandeln ſollte, ſetzten ihm die Kaufleute auch ein Gläſchen vor. Er that Beſcheid, ſchloß den Handel und gieng wieder nach ſeiner Heimath zu. Der Weite nach hätte er dieſe auch bey guter Zeit erreichen können: aber es wurde Nacht, und er kam nicht. Da thaten ſeine Leute faſt kein Auge zu vor Angſt, und mit Tages Anbruch machten ſich ſein Vater und Bruder mit dem Pferde auf den Weg, um zu ſehen, wo er geblieben ſey? Und ſiehe da! ganz nahe hinter dem zweyten Dorfe fanden ſie ihn ganz hart gefroren am Wege liegen. Sie banden ihn aufs Pferd, und brachten ihn ins Dorf, wo sie die Leute ansprachen, daß sie den unglücklichen Menschen aufnehmen, und ihm für Geld und gute Worte ein Bette geben sollten: weil er vielleicht noch nicht todt wäre. So klopften sie an 5 biß 6 Thüren und baten darum. Weil aber die Bauern sahen, daß er der Schinder war: so schmissen sie ihre Fenster geschwind wieder zu, und guckten durch die Löcher, um zu sehen, wie das Ding ablaufen würde. Endlich kamen sie an die Thür eines verständigen und frommen Mannes, der dachte an die Geschichte des barmherzigen Samariters im Evangelium und was der HErr JEsus dabey gesagt hatte. Und der that ihnen die Thür auf, ließ den erstarrten Burschen ins Haus bringen, und rief seinen Nachbar, den Schulmeister Grützmüller, welcher in solchen Sachen gut Bescheid wußte. Dieser kam, als man eben den erstarrten Leichnam in die warme Stube tragen wollte. Halt! schrie er, um GOttes Willen nicht! Ihr ermordet den Menschen, wenn er noch lebt. Und so stieß er die Leute zurück, und machte in aller Eile auf der Hausflur (Diele) ein Lager von Schnee, etwa zwey Hände hoch. Zugleich ließ er den Erfrornen nackend ausziehen, und die Kleidungsstücke, welche nicht losgiengen, herunter schneiden. Darauf legte er ihn auf den Schneehaufen und ließ mehr Schnee bringen, und bedeckte damit den ganzen nackenden Menschen über und über, daß weiter nichts frey blieb,

als

als der Mund und die Nasenlöcher. Den Schnee drückte er auch überall fest an, etwa 2 bis 3 finger dick, und wenn er da oder dort zu schmelzen anfing, legte er frischen Schnee auf den Fleck. Der Vater und Bruder und die übrigen Leute wollten es erst schlechterdings nicht leiden, daß es der kluge Schulmeister so machen sollte. Sie meinten, der Mensch müßte auf solche Weise erst recht erfrieren. Aber weils ruchtbar wurde im Dorfe, was für ein Unglück geschehen sey: so kam der Herr Pfarrer auch dazu, und trat auf die Seite des Schulmeisters, und lobte ihn, daß ers recht gemacht hätte. Während dessen, daß die Leute nun da standen und warteten, was daraus werden wolte, fragte der Herr Pfarrer: ob der Hausfrau etwa Aepfel erfroren wären, so wie es ihm gegangen sey? Und das traf gerade zu. Da ließ er einen solchen erfrornen Apfel auf den warmen Ofen legen, und einen andern legte er in ein Gefäß mit Wasser, das er frisch aus dem Bache schöpfen ließ, und zu dem er noch zerstoßnes Eis hinzu that, damit es kälter wurde. Da nun der Apfel eine Viertelstunde darinne gelegen hatte, war er wieder so schön und fest, als ob er nicht gefroren gewesen wäre. Dagegen der andere, der auf dem Ofen aufgethauet war, hatte farbe und geschmack verlohren. Da seht ihr Leute, sagte er nun: die stärkere Kälte zieht den Frost heraus: aber schnelle Wärme macht, daß sich die Theile, die der Frost zusammen gezogen hat, zu geschwind
wieder

wieder ausdehnen. Darum ist das Fleisch des gewärmten Apfels mehlicht und saulicht geworden, und ein erstarrter Mensch muß ohne Barmherzigkeit sterben, wenn man ihn bey den heissen Ofen bringt: weil sein Geblüt durch die geschwinde Ausdehnung von der Wärme eben so, wie das Fleisch und der Saft des Apfels, aus der Ordnung kommt. Wenn euch Rüben, Möhren, ꝛc. verfrieren, könnet ihrs wohl eben so machen, wie ichs da mit dem Apfel gemacht habe, und da wäre vielleicht das Wurzelwerck vielleicht noch fürs Vieh zu brauchen. Doch habe ich das noch nicht probirt: weil mir in meinem Keller noch nichts erfroren ist. Ihr könnts selbst versuchen! Aber Würste, die steinhart gefroren waren, habe ich auf solche Art wieder zu recht gebracht, daß sie gut blieben: dagegen andere, die ich nicht in Eiswasser aufgethaut hatte, im Sommer nicht mehr zu essen waren.

Als der Herr Pastor noch so sprach, wurde der Schulmeister auf einmal über und über roth im Gesicht vor Freuden, that den Mund halb auf und hob die Hände in die Höhe, als ob er GOtt dancken wolle, daß ihm sein gutes Werk gelungen sey. Er hatte bemerckt, daß der erstarrte Mensch zwischen dem Schnee hindurch wieder anfieng, Athem zu schöpfen, " frisch zu! schrie er nun, Frau Nachbarin! ein warmes Bett zurecht gemacht! und Tücher und Lappen gewärmt!" Wahrhaftig Christoph fieng an, mit einem Gliede nach dem andern sich zu regen und sein Vater und Bruder jauchzten vor Feeuden, und hätten den Schulmeister beynahe erdrükt, vor lauter Liebe und Danckbarkeit. Dieser trocknete nun den Schnee sogleich mit warmen, aber nicht heissen Tüchern ab. Alsdenn legten sie den Krancken in ein warmes Bett, das sie in einer Stube hingestellt hatten, wo nicht eingeheizt war: weil dieses schädlich ist. Er ward nun am ganzen Leibe immer röther und fühlte ein gewaltiges jucken und brennen, welches eben das Zeichen war, daß der Frost aus den Gliedern heraus gieng. Nur der rechte Fuß blieb noch weiß, und er fühlte nichts daran. Diesen setzte der Schulmeister wieder in ein Gefäß voll Schnee, und ließ ihn über eine ganze Stunde darinne, nahm auch wieder frischen Schnee dazu und ließ ihn darinne, biß er roth wurde und wieder Leben in ihn kam. Er sagte dabey; so müsse mans machen, wenn einer nur einen Fuß, oder eine Zehe, oder ein anderes Glied erfroren hätte, und wenns die Nase oder ein Ohr wäre, so könnte man den Schnee in Tüchern darauf legen. So bald Christoph schlucken konnte, gab er ihm eine Schaale Thee von Hollunder= (Holder) oder Fliederblüthen mit einem Löffel voll Eßig und einer Messerspitze voll Honig vermischt. Der Doctor aus dem nächsten Flecken war nun unterdessen herzu gehohlt worden. Dieser fragte gleich, ob man dem Patienten zur Ader gelassen habe? Darauf sagte der Schulmeister: "Nein Herr Doctor, das ist zu gefährlich. Ich weiß,

daß

daß in solchen Fällen ein Aderlaß tödten kan, und daß man damit warten muß, biß es der Arzt für nöthig findet." Der Doctor that es nun, und hernach verordnete er ein Pulver von 2 biß 3 Gran Campfer mit 10 Gran reinen Salpeter (Saniter) und einen Scrupel Magnesia Salisamarin vermischt, und befahl daß man davon alle 3 Stunden eine Messerspitze voll in Brunnenwasser eingeben, und eine Schaale Thee nachtrinken lassen solle. Die Stube ließ er nun allmählig warm machen, und der Patient mußte in etlichen Tagen nichts essen, als Suppen: aber keine hitzigen Wein- oder Bier-Suppen. Brandtwein sollte er ja nicht trinken, biß er völlig hergestellt sey. Vor dem Weggehen gab der Doctor den Leuten noch die Lehre: wenn sie in starcker Kälte weit gehen müßten, sollten sie, statt des Brandtweins, ein oder zwey kleine Gläserchen guten Eßig trinken, welcher erwärme und munter erhalte. Sie sollten auch vor dem Weggehen, und unterweges, dem Magen etwas zu thun geben, und harte Speisen, als Klöse, (Knödel, Klumpe, geräuchertes, (geselchtes Fleisch) und dergleichen essen. Die Hände und Füsse sollen sie vorher mit Talg (Unschlit) oder Oel reiben, und die Nase, Lippen und Ohren mit Bier waschen, in welches Oel oder Talg getröpfelt worden.

Das nothwendigste aber sey, immer frisch fort zu wandern, und sich nicht zu setzen, wenn auch Lust zum schlaffen noch so starck wäre. Er erzählte auch einen Fall, daß er einmal einen

Er-

Erfrornen, der schon 2 Tage gelegen, wieder aufgethauet habe.

Christoph wurde also durch den Beystand des frommen christlichen Mannes, der ihn in sein Haus und Bett aufnahm, und durch die Klugheit des Schulmeisters wieder lebendig: und weil seine Leute alles ordentlich brauchten, was der Doctor vorgeschrieben hatte; so wurde er bald völlig wieder gesund. Sein Vater war darüber ganz ausser sich vor Freuden. Er wollte auch, weil er ein wohlhabender Mann war, alles bezahlen, was ihm die Leute zu liebe gethan hatten. Der Bauer nahm aber nichts von ihm, weil ers nicht brauchte: sondern nur der Schulmeister, der leider! wie die meisten Herrn Schulmeister, ein sehr geringes Einkommen hatte, der nahm einen Thaler von ihm. Wie nun alles zu Stande war, und die Leute auseinander gehen wollten, da trat ein Nachbar, welcher der Sache mit Verwunderung zugesehen hatte, auf und sagte: " aber nichts für ungut, Herr Gevatter Schulmeister! Wenn nun einer das Unglück hat, und erfriert eben, wenn kein Schnee liegt? Wie sieht es da aus? "Da ist auch Rath zu schaffen, Gevatter Johann, antwortete der Schulmeister. Da nimmt man eiskaltes Wasser und zerstößt grosse Stücken Eis und thut es hinein, damit es noch kälter wird. Alsdenn nimmt man leinene Tücher, legt sie zwey oder dreyfach zusammen, taucht sie in das kalte Wasser und legt sie vest um den erfrornen Körper herum, wie ich mit
dem

dem Schnee gethan habe, und wo ein Flecken werden will, legt man immer frische Tücher auf, biß die Wirckung folgt. Nun das ist doch recht schön, daß der Herr Gevatter in der Noth zu rathen und zu helfen weiß, sagte der Mann: der liebe GOtt mag ihm auch helfen, daß es ihm wohlgehe." Jedermann verwunderte sich nun über diese Geschichte, und wie der Sontag kam, da predigte der Geistliche des Orts gar schön über das Evangelium vom barmherzigen Samariter, und lobte den Mann, der seinem Nächsten in Noth die Thür aufgethan hatte, ob es gleich der Schinder gewesen wäre. Die Geschicklichkeit des Schulmeisters wußte er auch wohl zu rühmen. Den Leuten aber, die dem Verunglückten die Fenster vor der Nase zugeschlagen hatten, las er den Text so kräftig aus Matthäi am 25sten im 41 biß 43sten Vers, daß sie in sich giengen, und sich fest vorsetzten in Zukunft jedem Menschen beyzuspringen, der in der Noth wäre;—er sey, wer er wolle.

Klugheits=Regeln.

Thue nichts unüberlegt, aber auch nichts schüchtern, sondern alles mit bedacht; alles Gute geschwind; nichts zu spät, aber auch nichts übereilt. Bist du furchtsam; die Klugheit kan dich herzhaft machen

Rettung der Erhängten, Erwürgten oder Erdroßelten.

Wenn der Körper ohne beschädigung abgenommen und der Strik geöffnet worden, wird die Droßel=Ader geöffnet, und wenn es nöthig ist, nach einer Stunde die Arm=Ader; alsdann legt man erweichende Umschläge um den Hals, man bläßt Tobaksrauch durch die Nase und durch den After ein; alsdann reibt man und bringt den Körper in ein laues Fußbad, man hält Salmiac Geist und Viehpulver vor, man setzt an die Beine Schröpfköpfe, und man handelt hier wie bey dem Blutschlagflusse, da man die Halsbinden und engen Kleider geschwind öfnet, Ader läßt, den kranken sitzen läßt, an Weineßig riechen läßt, und den vollblütigen suche frische Luft und Limonade mit Salpeter zum Getränke vorschreibt.

Die Vorboten des Todes.

Zu den natürlichen Todesvorbothen rechneten die Aerzte das hippogratische Gesicht, weil Hippokrates daßelbe als ein nahes Merkmal des Todes, für die Kranken bestimmte. Es bestehet aber in eingefallenen Tinfen, hohlen, matten Augen, in zugespitzter Nase, niedergesunkener Schläfe, in kalten, zusammengezogenen Ohren, in bleicher Gesichtsfarbe von schwartzer Grundfarbe, und in Lippen von der Bleyfarbe. Außer diesen Zeichen bemerkt man noch, daß die Nägel blau werden, oder schwartze und braune Punct. ansetzen, wenn sich die Runtzeln

Runkeln der Stirn und die Linien in der Hoyschwärzen, wenn der beystehende sein Bild in Sterne des Kranken nicht mehr erblikt, wenn das eine Auge kleiner ist, als das andere, wenn die Pulsschläge an Stärke und Geschwindigkeit abnehmen, wenn der Kranke öfters gähnt, oder den Mund offen hält, wenn die Zunge zu troken, oder mit Schleim überzogen ist, wenn der Kranke bloß lallet, an statt zu sprechen, wenn er unruhig wird, sich oft umbettet, oder umher wirft, mit den Zähnen knirscht, thränt, den Hals wendet, mit den Händen an Dekbette zieht. Und doch teuschen auch diese Merkmahle bisweilen.

Scheinbar Todte durch die Elektricität zu retten.

Im Journal de Physique von 1777 schlagt Changeur die Elektricität, als das kräftigste Mittel vor, Scheinbartodte zu retten. Die Gelegenheit dazu gab eine Person, welche nach der Schlafsucht wirklich gestorben zu seyn schiene, und durch das Elektrisiren, so wie man gelähmte behandelt, wieder zum Leben gebracht wurde. Man könte sie also in folgenden Krankheiten mit Nuzen versuchen, deren Folgen oft ein scheinbarer Tod ist. Es sind dieses aber die Faulfieber, die hitzigen Fieber, Pest, convulsivische Zufälle, das schwere Gebrechen, die hysterischen Zufälle, die Starrsucht, Schlagflüße, Trunkenheit, Erschöpfung durch langes Fasten; starken Blutfluß, vergiftung, Würmer, Fall, Ertrinken, Erwürgen, starke

starke Kälte, Erstiken von Mostdämpfen, Kohlendampf, verdorbene Luft, heftiger Geruch, starke Leidenschaften u. d. In allen diesen Uebeln kan das Nerven System durch das Elektrisiren wieder in Bewegung gebracht werden, und vieleicht ist die elektrische Flüßigkeit das nächste Agens unsrer Lebens-Geister; wenigstens bewegt sie unsere Nerven, unter allen Hülfsmitteln am geschwindsten und kräftigsten.

Zwey neue Arzney-Mittel gegen die weiße Augenfleken und gegen den Skorbut.

Bey den weißen Fleken im Auge pflegt man gemeiniglich besänftigre Augensalben, in denen sich oft Weingeist, reizende Pulver, blasen-Mittel, scharfe Augenwasser, und allerley gewaltsame Mittel anzuwenden. In Journal der Physique, und dessen 16ten Bande, finde ich ein sanfteres Mittel vom glücklichen Erfolge, und es verdient es wohl die Wiederherstellung des Hauptsinnes, daß man es weiter versuche.

Man brachte sechs Monate nachher, als ein achtjähriges Mädgen, von den Kindernblattern weise Flecken an beyden Augen bekommen, und davon völlig blind geworden war, demselbigen einige Tropfen Nuß-Oel in die Augen, und rieb die Augenlieder mit dem Finger, damit sich daß Nuß-Oel auf der Oberfläche der Augen verbreiten möchte. Von öftern Gebrauche dieses Mittels hatte sich der Flecken in Jahres Zeit verlohren, und sie konte die

Gegenstände erblicken, und nach dreyen Jahren alle Geschäfte verrichten. Bey einem andern Kinde war die Hornhaut ganz dicke, und folglich undurchsichtig, und das Kind seit sechs Jahren blind. Ein geschickter Wundarzt hob einige Lagen von dieser Hornhaut weg; nachher gebrauchte man das Nuß=Oel.

Der gelehrte Magellan ward von Skorbut angegriffen, und war nicht im Stande, einen Schritt zu thun, noch ein Glied ohne die heftigsten Schmerzen zu bewegen. Einer seiner Freunde rieth ihm an, das Mittel des Doctor Hulme zu versuchen. Nach vier Tagen besserte es sich augenscheinlich mit seiner Gesundheit, und er wunderte sich selbsten in einem Briefe über den schnellen Erfolg. Das Mittel besteht in zehn Gran Weinsteinsalz, in Wasser eingenommen, indem man gleich drauf 5 Tropffen Vitriolsäure in Wasser verdünnt nachtrinkt. Viermahl des Tages zu nehmen. Jedes mal entwickelt sich davon im Magen eine Menge fire Luft, so sich mit allen Flüsigkeiten gut vermischt, mit ihnen in dem Umlauf geht, und also die Schärfe in kurzer Zeit vertheilt.

Ein neues Mittel gegen die Auszehrung. Aus einer Londoner Zeitung.

Vor einiger Zeit trug sich zu, daß ein Officier, der eine beschwerde auf seiner Brust von einer hectischen oder auszehrenden Art hatte, auf einer Kohlpfanne mit Kohlen, weisen Pech (muß wohl Calofonium seyn) und

gemeines

gemeines Wachs zu gleichen Quantitäten, zerließ, um damit einige Boteillen zu verpichen. Nachdem er eine Zeitlang den davon aufsteigenden Dampf eingeathmet hatte, empfand er dardurch eine grosse Erleichterung auf der Brust.

Diese Beobachtung (die von ausserordentlicher Wichtigkeit für ihn war) machte ihn den Entschluß fassen, mit dieser Art von räuchern einige Zeit fortzufahren. Er fand gar bald eine beträchtliche Besserung, er ward endlich ganz geheilet—Von diesen Heilungs-Mittel wurde sehr viel gesprochen. Die Frau Mar. gräfin von Baden, bekam Nachricht davon, und verlangte einen Versuch mit dieser Cur an einen Soldaten zu machen, der in dem Durlachischen Hospital so kranck lag, daß man ohne Hofnung seines Lebens war. Der Erfolg davon war mit aller der Hofnung, die man nur davon haben konte, einerley, denn der Patiente wurde völlig hergestellt. Im Gefolge dessen befahl die Prinzeßin diesen Umstand in die Carls Chue (vielleicht Carlsruh) Zeitung vom Julio 1790 und den darauf folgenden 24sten September, einzurücken. Eben dieses öffentliche Blat bestätiget diese Erzehlung, und thut noch hinzu, daß dieses Mittel, mit eben derselben Würckung an verschiedenen Leuten versucht worden; und daß sehr viele blos durch dieses Mittel geholfen worden, auch selbst wenn die Lunge eitrig geworden, und man sie ganz aufgegeben. Es ist dabey anzumerken, daß das Zimmer, in welchem eine Person auf die Art geräuchert

geräuchert wird, dichte zugemacht seyn muß, und daß man darinne herum spazieren müsse, den Dampf auf die weiße nach und nach hineinzuschlucken.

Wenn jemand Gift genossen. Hülfs-Mitteln dagegen.

Die wahre Merkmale, daß jemand Gift genossen, sind der bisherige gesunde Zustand des Menschen, auf den unmittelbar nach den Gebrauche einer Speise, Arzney, oder eines verdächtigen Getränckes, eine geschwinde Kraftlosigkeit, Beklemmung, Ohnmacht, und ein schmerzhafter Magenkrampf, eine Todtenblässe, Augenerstarrung, ein kalter Schweiß, u. s. w. erfolgt, besonders nach den scharffen Giften. Die Giftalkalis erkennt man an dem Brande der Zunge, des Schlundes, des Magens, an der schnellen Engbrüstigkeit, an der Verwirrung der Sinne, wie nach dem Schierling, Bilsenkraute, den Stechäpfeln. Von den narkotischen entstehen lächerliche Gebährdungen, und ein tiefer Schlaf mit Verzückungen.

Einige überstehen die Gifte leichter, als andre. Man findet an vergifteten Leichen den Magen angefressen und mit Blut unterlaufen. Stinken die darinnen hängende Pulver auf Kohlen, so ist dieses ein Merkmal von Arsenik, der wie Knoblauch riecht.

Ist die Art und der Name des verschluckten Giftes bekant, so verordne man warmes Wasser mit Baum-öl, so früh ist, in Menge zu trincken, damit bey Zeiten ein Erbrechen erfolge. Alle Gifte
wirken

wirken bey leeren Magen heftiger. Mechanische und stopfende Gifte tödten nur langsam. Auf das häufige Wasser und Erbrechen verschlucke man bey allen Arten der Gifte, Baumlein-Mohn-Mandel-Oel, Butter unter warmes Wasser, Milch. Hierauf folgen erst die besondere Gegengifte: nemlich wider das Scheidwasser, Merkuralbereitungen, und saure Mineral-Geister, ist das Gegengift ein Quentchen Weinsteinsaltz, Potasche und Krebssteine; ferner die Klistire von Milch, Honig und Oel, so wie ein Larans aus Manna. Gegen Giftalkalis, als das Eisenhütlein, den Schierling, Coloquinten, u. d. dienet laues Wasser mit Eßig, Citronensäure, und alle eingemachte Sachen. Z. E. Johannesbeeren, saure Kirschen, der Sauerampfer, der Vitriolgeist mit Wasser verdünnt, oder Milch in Menge. Gegen die stopfende Gifte, z. E. Vogelleim, Flohsaamen, durch Bleyglätte verfälschte Weine, dünnen Molcke und wäßerige Tränke vom Glauberschen Wundersaltze. Gegen die Mechanischen Gifte gebrauche man fette Breye von Reis und Milch. Die Cur der narkotischen Gifte, als des Opium, Bilsenkrautes, der Dartura, Hundszunge, Nachtschatten, der Belladonna, aller schlafmachende Gifte, die zugleich betäuben, beruhet auf dem allgemeinen Erbrechen, wozu man sich des Erbrechweinsteins bedienen kan; man hält der krancken Person flüchtige Geister und warme Eßigschwämme vor die Nase, und man gebraucht innerlich den warmen

warmen Eßig, oder Citronensaft in warmen
Getränke, indem man die schlafenden beständig
rüttelt, und durch scharfe Klistire bedienet.
Nach der Ermunterung befördert man ihren
Schweiß eine Zeitlang.

Zur Erholung nach der Kraftlosigkeit, welches eine sichere Folge bey allen vergifteten Personen, sonderlich den cholerischen, zu seyn pflegt, bediene man sich der Kraftbrühen, Gallerte, der Reissuppen, der weichen Eyer, der alten Gewürtzweine, des Theriaks, und der Gemüths- und körperlichen Ruhe.

Gegen den giftigen Biß der Schlangen.

Gebraucht man eine Binde über der verletzten Stelle, man drückt das Blut wohl aus, und setzet Schröpfköpfe an; worauf man eine compresse (zusammengelegte Tücher) mit Eßig und Theriak aufbindet. Innerlich gebraucht man Theriak und Wein; und einen Sulven=Thee zum schwitzen. Aertzte haben Einreiben des Baumöls in die Wunde ein specifisches Gegenmittel bey Schlangenbissen bewährt gefunden.

Aus=

Auszug aus den Hamburgischen
Gesundheits-Blatt.

Sechstes Stück.

Von Erhaltung der Gesundheit.

Von Schlafen und Wachen.

Man weiß, daß in dem Schlafe bey den Thieren das Blut seine Bewegung und Wärme nach und nach verliert, und daß auch bey den Menschen die Empfindung der Kälte unvermeidlich wird, wenn seine Bedeckung nicht dicker als seine Kleidung ist. Alle Theile des Leibes gerathen durch einen langen Schlaf in eine gänzliche Unwirksamkeit, die festen werden schwach, der Umlauf des Blutes geschiehet langsamer, und häuft sich besonders im Kopfe an, die Ausdünstung wird unterbrochen, die Säfte werden zähe und dick, und der Mensch wird fett und zu allen seinen Uebungen des Geistes unfähig. Personen, welche zur Hypochondrie geneigt sind, schaden sich durch zu langes schlafens überaus, und besonders wenn sie des Morgens sich dem Schlaf lang überlassen. Der Schlaf nach dem Mittag Essen fen taugt nichts und stöhrt die Verdauung.

Hat man sich aber daran gewöhnt, und kan man dem Mittagschlafe nicht widerstehn: so muß man ihn so kurz machen als möglich ist und das thun, was Kayser Augustus zu thun pflegte: Wenn er nemlich nach der Mittagsmahlzeit schläfrig wurde, so ruhete er, so wie er angekleidet war, einen Augenblick, deckte nur seine Füsse zu, und hielt die Hand vor das Gesicht. Das Schlafen gleich nach dem Nachtessen macht fürchterliche Wärme, und bey denen, die so dazu geneigt sind, nächtliche Pollutionen. Die Nothwendigkeit des Schlafes verhält sich fast wie unsere Arbeit durch den Tag. Daher fliehet der Schlaf die Palläste der grossen, daher wohnt er mit seinen sanften Erquickungen in der Hütte des Landmanns, daher ist, wie man beym Hrn. von Haller liest, seine Nothwendigkeit so unübersteiglich, daß dieses eine der vornehmsten Ursachen geworden, warum die tapfere, aber alles Schlafes beraubte Englische Garnison von St. Philip diese Vestung dem Herzog von Richelieu übergeben müssen, weil sie ihre Waffen nicht mehr zu tragen vermogte, und weil auch der Kriegsmann selbst unter dem Donner der Canonen einschläft. Allzuvieles Wachen setzt die Nerven und das Blut in eine heftige Bewegung. Es reibt die Kräfte von jenen auf, macht die flüssige Theile scharf, verzehrt das Fett, neigt den Menschen zum Schwindel, zu heftigen Kopfschmerzen, zum Goldaderflusse, zu Fiebern.

Allzu

Allzuvieles Wachen führt den Menschen zu allerhand Grillen und endlich in einen völligen Wahnwitz, daher man auch das Gehirn solcher Leute ordentlich verwelckt und zum Theil ausgezehrt gefunden. In der Schweiz geschahe eine Wette unter zwey jungen Leuten, wer unter ihnen das Wachen am längsten aushalten würde, doch sollte ein jeder die Freyheit haben, sich durch Kaffee, Thee und ähnliche Hülfsmittel den Schlaf abzuhalten. Es vergiengen 8 Nächte, und sie hielten sich tapfer, allein beyden konte man es schon ansehen, es vergiengen zwölf Nächte und es gieng noch so ziemlich—als aber vierzehn Nächte vergangen, so fieng der eine an, über fieberhafte Bewegungen, Kopfschmerzen und ausserordentliche Mattigkeit zu klagen, verfiel in ein hitziges Fieber, welches ihn schon den dritten Tag tödtete. Der andere hatte das nemliche Schicksal. Als im siebenjährigen Kriege die Truppen bey Tage und Nachte durch marschieren mußten, entstanden bey vielen ein Irreden, das sich bey einigen in einem Wahnwitz endigte. Heraklides sagt von dem ältern Macarius aus Alexandria, er habe sich vorgenommen, den Schlaf ganz zu überwinden, und sey darum einst zwanzig Tage und Nächte hintereinander nicht einmal in seine Celle gegangen, des Tages habe er vor Hitze gebrannt, des Nachts sey er vor Kälte erstarret; aber doch gestehet er, er sey endlich in seine Celle geschlichen, weil ihm

wirklich

wirklich sein Hirn so ausgedörret war, daß er ganz Sinnlos schien.

(Die Fortsetzung künftig.)

Von diesem Hamburgischen Gesundheits-Blatt ist alle Sonnabend ein Stück (ein halber Bogen) zu Hamburg bey Herrn Greve, für 1 Schilling zu haben.

Aus dem Hamburgischen Gesundheits-Blatt.

Vierzigstes Stück.

Von der Schwindsucht, und wie man dieselbe sowohl verhüten als hindern kan.

Unter allen Uebeln, womit die Menschen befallen zu werden pflegen, giebt es keine, die der Welt mehr nützliche Mitglieder jährlich entreißt, als die Schwindsucht. Der Kaufmann, der Künstler, der Gelehrte, alle werden ein Schlachtopfer dieses verwüstenden Uebels. In keinem Lande herrscht diese Kranckheit häufiger als in England, und betrachtet man jährlich die Todten-Listen nur von London, so ist es zum Erstaunen, wie viele Menschen von der Schwindsucht daselbst wegegerafft werden. Daß in unsern Zeiten mehrere Menschen von dieser

Kranckheit angegriffen werden, als ehemahls; mag wohl von folgenden Sachen herrühren.

Erstlich sind unsere Kinder nicht mehr so starck als sie sonst zu seyn pflegten, weil die gegenwärtigen Moden und die üppige Lebensart so herrschend geworden, daß dadurch die Gesundheit ausserordentlich leidet. Ferner findet man in grossen Städten und bey vielerley Gesellschaften viele Personen, die eine sitzende Lebensart führen; und sich lange in eine ungesunde Luft, welche vermittelst des Athemholens zum grösten Nachtheil in die Lungen gezogen wird, aufhalten müssen. Wiederum giebt es gewisse Beschäftigungen, wobey man mit stets vorwärts gebognen Leib sitzen muß. Am meisten aber entstehen jetzt so häufige Lungensuchten, weil viele Erkältungen und Schnupfen sehr gering achten, solche vernachläßigen, und sich dadurch in diese Kranckheit stürzen. Man hat schon so viel dawider geschrieben, Katarrhe, (Erkältungen) nicht zu vernachläßigen, und doch muß leider der Arzt fast täglich erfahren, wie aus solchen anfänglich gering scheinenden Erkältungen nachher die unheilbarsten Lungensuchten entstanden sind. Ein hoffnungsvoller Jüngling von 16 Jahren wurde noch neulich ein Opfer dieser Kranckheit, welche er sich blos von einer Erkältung, wobey er sich nicht warm genug hielt, und häufige geistige Geträncke zu sich nahm, zugezogen hatte. Junge Leute, besonders in grossen Städten, machen zu frühe unerlaubten Umgang mit dem

andern

andern Geschlecht, wodurch natürlich die Stärcke und der Wachsthum zum grösten Nachtheil ihrer Gesundheit verhindert wird. Eine andere abscheuliche Quelle der Schwachheit unserer Jünglinge, und die man leider in grossen Schul-Anstalten, und im Privat leben so häufig antrift, ist die Onanie. Eltern, und besonders Kinder-Erziehern, ist die grösste Wachsamkeit nöthig, dieses Gesundheit und Leben zerstörende Uebel zu verhüten. Unser jetziges Jahrhundert gehört unter die aufgeklärtesten Zeiten des menschlichen Verstandes. Wir haben Journale und Magazine, Bibliotheken und Beyträge, Almanache und Potporis, Philantropine und Prediger Institute.

Die gewöhnliche und gefährliche Methode unsrer Schönen, die Haut mit vielen Schmincke zu verschönen, um ein jedes Finnchen im Gesicht wegschaffen zu wollen, trägt auch alles mit bey, daß sich die Schwindsucht so häufig beym schönen Geschlecht ereignet. Alle Schönheitsmittel sind aus Bleyweis und andern schädlichen Dingen zubereitet, daher treiben sie nicht nur als schädliche Dinge aus der Oberfläche des Körpers gegen die innern edlen Theile desselben, sondern sie theilen auch selbst ihre eigne giftige Theile den Säften, und vermittelst derselben den Lungen, und noch andern zarten Organen mit. Ein gewisser Arzt erzehlt, daß er zwey junge Damen, die Schwestern waren, an der Schwindsucht sehr geschwind hintereinander habe sterben sehen, davon ihm die leztere ge-

stan-

Missing pages 31-32

oder steilen Wege, bey dem Aufenthalt in heissen Zimmern, erschwert zu werden. Nach der Mittagsmahlzeit fangen die Wangen roth gleichsam wie geschminckt zu werden, wobey zugleich in den Händen eine gewisse brennende Hitze empfunden wird. Der Gemüthszustand des Patienten fängt sich an zu ändern, statt daß er sonst freundlich gewesen, fänget er an verdrießlich zu werden, eine Fliege an der Wand kan ihn beunruhigen, und in diesem Zustand bleibt der Kranke eine Zeitlang, es gesellt sich ein schleichendes gegen Abend gemeiniglich einstellendes Fieber ein, welches immer zunimmt, der Patient wird von Tag zu Tag magerer, der Husten ist feucht der Auswurf eiterhaft, blutig und übelriechend, die Füße schwellen, es entstehet im Munde der sogenannte foß, oder die Schwämchen, und der Tod macht allem Elend ein Ende.

(Die fortsetzung künftig.)

Was bey dem Schlachten und Fleisch=Essen in acht zu nehmen.

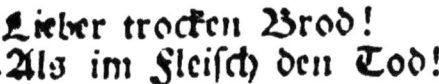

**Lieber trocken Brod!
Als im Fleisch den Tod!**

Fleisch ist wohl eine gute nahrhafte Speise und es wäre zu wünschen, daß es mehr mit Mäßigkeit gegessen würde; Allein es geschiehet nur zu ofte, daß Leute, denen es etwas rares ist, ganze Klumpen auf einmal hinunter schlucken, öfters grosse Stücke pures Fett essen, und sich dadurch den Magen gänzlich verderben. Desgleichen ist es ein Hauptfehler, wenn man Krancken und kleinen Kindern Fleisch zu essen giebt, in der Meinung, sie dadurch zu stärcken. Es stärkt nur alsdann, wenn es gut verdaut und ausgearbeitet wird. Dazu hat aber der Magen bey Krancken und kleinen Kindern die Kraft nicht: daher bleibt das Fleisch lange darinnen liegen, fault und verderbt die Säfte; so daß schon mancher darüber hat ins Gras beissen müssen, dem man eine Güte damit zu thun glaubte. Kindern ist besonders alles Fett sehr schädlich.

Weil aber auch das Vieh, so wie der Mensch mancherlen Kranckheiten und dem Tode unterworfen ist: so hat man sich sehr in acht zu nehmen

men, daß durch den Genuß des Fleisches von kranck gewesenem oder verrecktem Vieh kein Unglück entstehe, wie folgende Exempel lehren. Der berühmte Doctor Denos zu Alenßon in Frankreich, wurde am 9ten Julii 1760, zu einer armen Familie von 8 Personen gerufen, welche alle sehr Kranck waren. Sie brachen gelbes Wasser weg, hatten grausames Leib=schneiden (Leibreissen,) der Athem gieng schwer, der Puls matt, und die Zunge war von Hitze ganz trocken. Hernach purgirten sie von oben und unten, bekamen Frost, Beklemmung und andere Zufälle, welche alle von einem Gift herzurühren schienen. Weil sie nun zur rechten Zeit den geschickten Doctor Denos gebrauch=ten: so starb nur ein Kind davon; die übrigen Personen wurden wieder hergestellt. Sie wa=ren aber davon kranck worden, daß sie drey Tage zuvor die Lunge und das Herz von ei=ner Kuh gegessen hatten, welche kranck gewe=sen war.

Auch die Dünste, welche aus einem kran=ken Thiere kommen, wenn man es öfnet, sind dem Menschen gefährlich. In einem Dorfe im Reich zeigte sich Anno 1782, an einigen Ochsen der sogenannte Milzbrannt. Ein Bauer, der einen Stier (Bull) hielt, schlachtete ihn, ehe er crepirte. Da kam ein armer Jude von Unter=Grunbach gelaufen, um die Haut zu schachern und ein paar Groschen daran zu ver=dienen. Damit ihm kein anderer zuvor käme, half er selbst das Thier schlachten, und ihm die Haut

Haut abziehen. Aber der arme Jude war
noch am nämlichen Abend von Frost, H[itz]
und grosser Zerschlagenheit der Glieder b[efal]
len. Den andern Tag schwoll ihm der [Hals]
bis an die Brust, und er konte nicht mehr s[chlu]
gen. Den 4ten Tag ward er eiskalt an sei[nen]
Gliedern, kriegt kalte Schweiße und entsetzl[iche]
Bangigkeit, und den fünften Tag mußte er [ster]
ben, und hinterließ eine schwangere Frau u[nd]
fünf Kinder und keinen Bissen Brodt im Haus,
daß es zu erbarmen war.

Desgleichen kaufte im Braunschweigischen [ein]
Fuhrman einen tüchtigen Ochsen für ein spottgeld:
weil er schon den Ansaz zur Viehseuche hatte. Der
arme Mann dachte einen guten Kauf gethan
zu haben, und sich mit Frau und Kindern ein
mal recht satt Fleisch zu essen: aber es bekam
ihm übel. Da der Ochse geschlachtet und das
Fleisch gepökelt war, fing es an, aus dem Faß
heraus zu gähren. Er kochte aber doch davon,
und drey Tage darauf bekam er ein böses Fie[e]
ber und kleine blutige Beulen über den gan
zen Leib, fast wie bey der Pest. Binnen 14
Tagen wurden fünf Menschen aus dem Haus
begraben, die davon gegessen hatten. Aus d[ie]
sem Exempel sieht man, daß einmal verdo[rbe]
nes Fleisch durch das Einpökeln nicht be[sser]
wird, und daß man die Mühe und das S[alz]
vergeblich daran gewendet.

Auch die Milch von kranken Kühen ist gefährlich zu essen. Man hat den Fall erleb[t]
daß

daß ein Bauer mit seiner Frau, fünf Kindern und der Magd, und auch dessen Nachbars Frau mit 4 Kindern, welches eine arme Witwar, einige Tage nach einander Milch von der Kuh gegessen haben, die von einem tollen Hunde gebissen war. Alle diese 13 Personen sind nach und nach von der Wuth befallen worden, und haben elendiglich sterben müssen. Und so ist es auch mit der Butter und dem Käse, den man aus solcher Milch macht, beschaffen.

Käse ist auch von gesunden Kühen gefährlich zu essen, wenn er gar zu scharf und faul ist. In Stutgard geschah es im April 1784 daß ein Schlachter, mit seinen 3 Kindern ungefähr dreyviertel Pfund Streichkäse oder Schmierkäse aß, und alle 4 bekamen davon solche Zufälle, als ob sie Gift verschluckt hätten. Das jüngste Kind, ein Mädchen von 4 Jahren, starb sogar daran. Der Käse wurde deswegen vom Docter und Apotheker untersucht, und man fand keine Spur von Gift darin: sondern er hatte die Leute krank gemacht, weil er gar zu scharf, beisend, und stinckend war, und vor Fäulniß auseinander fiel. Der Durchlauchtige Herzog von Würtemberg gab daher eine Verordnung, daß niemand solchen verdorbenen Käse essen solle.

Wem nun sein Leben und seine Gesundheit lieb ist, der wird lieber ein Stück trocken Brodt essen, als etwas dazu, das ihm zu Gift werden ten kan! Anton Dubi Vorsteher der Feldschlachterey, welcher den Soldat[en] Fleisch von aussätzigen und crepirt[en] Vieh verkauft hat; mußte 12000 T[haler] Strafe geben, und auf 9 Jahr das [Land?] meiden.

Vorschrift.

Nach der man sich zu richten hat.

Bey dem Rindvieh, muß man ehe es geschlachtet wird, darauf sehen:

1.) Ob es munter und frisch aus den Augen sieht, und noch gut gehen kan?

2.) Ob es die Wiederkäuung noch nicht verlohren hat?

3.) Ob die Hörner, Ohren, Maul Nase und Schwanz nicht kalt sind.?

4.) Ob das Vieh nicht geifert? oder ob ihm etwa Schleim oder sonst garstige Materie aus der Nase, den Augen und den Ohren heraus fließt?

5.) Ob bey denselben nichts schuppigtes auf der Haut sitzt, als wäre Mehl, Asche, oder Kleye darauf gestreut?

6.) Ob Blattern oder Grind am Leibe, sonderlich auf dem Kopfe, am Halse u[nd] im Maule, oder wohl gar an der Zunge sich befinden?

7.) Ob Beulen am Halse, hinter den Oh[ren, unter den Bugen und Schenkeln zu sehen;

ſehen; inſonderheit ob die Euter bey den Kühen erhitzt, geſchwollen und aufgelaufen ſind?

Wo ſich ſolche Kennzeichen finden, muß das Schlachten nicht gleich geſchehen: ſondern es muß erſt abgewartet werden ob ſich das Thier beſſert.

Wenn aber ein Thier geſchlachtet und die Haut abgezogen iſt, muß man acht haben:
1.) Ob äußerlich am Fleiſche Blattern, Beulen, Geſchwulſte, Geſchwüre oder Gewächſe von ſonderbarer Farbe, etwa roth, blau, oder gar ſchwarz zu ſehen ſind?
2.) In den Eingeweiden muß man ſehen, ob die Lungen etwan an das Rippenfell angewachſen und Materie oder Eiter angezogen haben? Ob dunkelrothe, blaue, oder gelbe Flecken oder Beulen und Geſchwüre in den Lungen ſind? Ob die Leber etwa hart oder ungewöhnlich groß ſey, und nicht die rechte Farbe habe? Ob nicht etwa die Gallenblaſe gar zu groß und zu ſtark ſey, welches ein Zeichen von der Viehſeuche iſt? ob die Milz etwa gar zu ſchwarz, zu groß oder mit Blattern beſetzt ſey?
3.) Ob der Magen, der Wanſt, und vor allem, ob der Faltenmagen die Magenfalte, (Mannigfalt) allzugroß, aufgelaufen, oder etwas darinne roth oder blau ausſieht? Ob der Falten=Magen hart, oder darinne eine falkige Materie, und ob die daran hängenden Därme rothblau, angelaufen ſeyn, und

und ob sonst auch im Fleische irgendwo einige blaue Striemen angetroffen werden?

4.) Ob im Halse und in der Lunge Wasserblasen sich finden, welche, wenn sie auf[gemacht] werden, garstig stinken?

Wenn sich so etwas findet, oder wenn man weiß, daß die Krankheit eines Thieres Milzbrand, Fallsucht, Schlagfluß, Lungenfäule, Fallsucht, Faulfieber mit Durchlauf, Pestilentialfieber, oder die Viehseuche ist: so muß das Fleisch nicht gegessen, sondern auf einem entfernten Platze verscharret werden. Es ist gewis besser, man leidet einen Verlust an seinem Vermögen, als daß man sich und die Seinigen krank mache, oder gar ums Leben bringe.

Dargegen kan man Rindvieh, welches gestoßen worden, ein Bein gebrochen hat, oder sonst verwundet ist, ohne Bedenken essen: wenn man es gleich schlachtet, ehe ein Fieber dazu kommt; sonst wird es gefährlich.

Schafvieh, das am Durchfall, an Entzündung oder Verschwärung der Eingeweide, der Fäule oder dem Anbruch, der Fallsucht (fallende Krankheit oder Sucht, dem schweren [Noth]) krank ist, darf nicht geschlachtet und gegessen werden.

Bei den Schweinen muß man vorzüglich darauf sehen, ob etwa die Zunge mit Blasen

sen oder Beulen besetzt, und dann ob Geschwulst oder Entzündung im Halse und gartige Geschwüre in den Eingeweiden vorhanden sind? befinden sich solche Zeichen, darf es nicht gegessen werden.

Krankes Schweinenfleisch taugt zum Einpöckeln und Räuchern noch weniger, als es frisch zu essen; und faulgewordenes Geräuchertes schadet auch dem stärksten Magen.

Besonders darf man die Würste nicht zu alt und ramig werden lassen. In heißen Sommer-Tagen solten gar keine Schweine geschlachtet werden; weil sie da den meisten Zufällen unterworfen sind.

Auch hat man sich in acht zu nehmen, Fleisch von Wildpret, welches bis zum Tod gehetzet worden, zu essen. Imgleichen auch Kälber, welche der Schlachter etliche Meilen weit mit Hunden und Peitschen aufs erbärmlichste abgetrieben, und noch im Angstfieber gleich schlachtet; solch Fleisch zu essen ist ebenfals sehr gefährlich.

Mit Fischen muß man ebenfals vorsichtig seyn, vornehmlich mit solchen, die in stillstehenden oder langsam fließenden Wassern sind. Denn diese haben zuweilen gefährliche Krankheiten. In der Laichzeit müssen gar keine frische Fische gegessen werden; weil da die Wasser stinken u. faulen. Man ißt besser einen gesalzenen Hering, der immer gut ist, wenn er nicht gar zu alt und faul ist.

Trau-

Trauriger Erfolg der heftigen Leidenschaften die gar den Tod nach sich ziehen.

Die Leidenschaften haben einen merklichen u[nd] wirksamen Einfluß auf die Gesundheit [des] Menschen, auch die allerangenehmsten, ze[hren] den Menschen immer ab, und tödten zu[wei]len auf der Stelle. Traurige Leidenschaften zerstöhren die thierische Haushaltungen schlechterdings, und sind ohne zweifel eine der gewöhnlichsten Ursachen der auszehrenden Schleichkranckheiten. Jede Heftigkeit und Regellosigkeit in der Vorstellungskraft unserer Seele wird also auch eine Heftigkeit und Unordnung in den Nerven und Nervensaft zum unausbleiblichen erfolg haben. Der höchste Grad in der Lebhaftigkeit der Ideen wird die Lebens-Geister zur stärcksten Bewegung auffordern, wodurch in allem zum Leben nöthigen Bewegu[ng]en ein Krampf entstehet, der die Lebensgeister auf einmal zum Stillstand zu bringen, vermögend ist. Und hieraus wird begreiflich, wie eine allzulebhafte Vorstellung so gar den Todt bewirken könne." Alle Leidenschaften, sagt Zimmermann stürzen in einem hohen Grade der Heftigkeit den Menschen entweder in den Tod, oder in eine fürchterliche Kranckheit, oder wenigstens in eine grosse Gefahr. Die grösten Aertzte versichern einmüthig, tödtliche Schlagflüsse seyen eine der gemeinsten Folgen eines heftigen Schreckens und auch einer grossen Furcht; sie halten überhaupt unter allen Kranckheiten, welche auf heftige Leidenschaften folgen,

die

die Schlagflüsse für die gemeinsten. Das Herz wird von diesen ausserordentlichen Eindrücken so heftig angegriffen, daß es sich gleich schließt, kein Blut empfängt und fast keins fortfließt. Darum erblaßt das Angesicht, die Lippen werden blau, alle Bewegung höret auf, und oft fällt der Mensch plötzlich zur Erde. Die Starrsucht und die Epilepsi sind nicht selten die Folgen eines übermäßigen Verdrusses, oder eines sehr angsthaftes Schreckens. Jede auch nur mittelmäßige Leidenschaft verursacht eine Schwürigkeit im Athem und der Sprache, ein unerträgliches spannen über die Brust, oft klebt die Zunge an den Gaumen. Die schwächern Leidenschaften reden, die starcken schweigen." Wir bemercken dieses an allen Gattungen unserer Ideen, sie mögen vergangene, gegenwärtige oder zukünftige Gegenstände zum voraus haben.

Ein Mensch siehet von ohngefehr in einer Gesellschaft seinen Feind und Verfolger. Die Erinnerungskraft fachet die ehemaligen Ideen von der erduldeten Beleidigung wieder an, diese Erinnerung bekommt durch die Aufmercksamkeit und durch das Nachdencken der erlittenen schädlichen Folgen, die sich in die Beleidigung gründeten, einen höhern Grad, und bricht endlich in ein volles Feuer des Zorns aus. Der Mund öfnet sich, um sich eines Stroms von Vorwürfen zu entladen, ja, der beleidigte Mensch erscheinet in der Gestalt eines Erdbebens in der Gesellschaft, schelten und drohen,

werden

werden endlich mit den heftigsten Bewegungen des Leibes, durch welche der erzürn[te] seine Rache auszuüben dencket, verwechselt, welches das traurigste ist, der Leib wird d[urch] die Hefftigkeit endlich der Qual zur B[eute,] Kranckheit, ja der Tod selbst sind oft das le[tzte] Glied in der Kette dieser an einander geknü[pf]ten Regellosigkeiten. So kettet sich also der gantze Verlust des Leibes an eine einzige hefftige Vorstellung, vermittelst der unordentlichen Bewegung des Nervensaftes. Der Böhmische König Wenceslaus starb am Schlagen aus Zorn, daß man ihm die Belagerung von Prag drey Tage verheimlichet hatte. Valentinian, der erste römische Käyser, erzürnte sich über die Antwort des Gesandten der Quaden so sehr, daß ihm auf der Stelle der Schlag traf. Ja der Ungarische König Matthias starb gar aus Aergerniß, daß seine Bedienten die Feigen aufgegessen hatten, die er aus Italien bringen lassen. (hieher gehören auch die Stellen, Sirach 30, 24. 25. 38. 19, 22. Sprüchw. 17, 20. So wahr dieses ist, eben so gewiß ist es auch, daß die Vorstellungen von gegenwärtigen Dingen — wenn sie einen hohen Grad der Lebhaftigkeit erhalten haben — mit einer hefftigen Bewegung der Säfte unsers Leibes vergesellschaftet sind, die ebenfals die schrecklichsten Folgen nach sich ziehet. Ja, es ist dieses so allgemein, daß nicht allein Vorstellungen von unangenehmen Gegenständen, sondern auch so gar von ange-

nehmen

nehmen Objecten, wenn sie bis zu einen Grad des Enthussiamuß gestiegen sind, den Tod zum Folg haben. Wie viel Menschen sind nicht in einer plötzlichen Freude gestorben, die Nichte und Erbin des Herrn von Leibnitz, die nach dem Tode desselben 60,000 Dukaten in einer Kiste unter seinem Bette fand. Personen, die kurtz vor Vollziehung des Todes-Urtheils Pardon erhalten; geben hiervon die überzeugendste Beyspiele; daher man auch solche Personen, die allzuplötzlich in grosse Freude versetzt worden, gerne eine Ader öfnet. Zimmermann sagt so gar, daß die Freude, die aus dem Besitze eines plötzlichen und unerwarteten Gutes entstehet, weit gefährlicher, als eine plötzliche und unerwartente Traurigkeit sey, und daß die Beyspiele der gefährlichen Wirckungen der Freude viel häufiger wäre. Sophocles ward in seinem hohen Alter als wahnwitzig ausgeschrien, er verfertigte das Gegentheil zu beweisen, ein Trauerspiel, er ward zum Ueberwinder erklärt, und starb vor Freude, eben wie Dionysius, der Herr von Sicilien, und Philippides ein Comödienschreiber. Chilon der Lacedemonier, starb vor Freude, da er seinen Sohn als Ueberwinder in den Olympischen Spielen umpfieng. Zwo römische Frauen starben, die ihre Söhne unerwartet von der Trasymenischen und Cannischen Schlacht zurückkommen sahen. Marcus Juventius Thalna empfieng vor dem Altar, wo sein Danckopfer brachte, die Nachricht aus Rom

Rom, daß er wegen der Eroberung vo[n]
Corsica werde triumphiren können, fiel nie[der]
und starb. Vater erzehlet die Geschichte [ei]nes baumstarcken und niemals kranck ge[wese]nen Soldaten, der in dem Augenblicke, [da er] zu der Umarmung eines längstgewünsch[ten] Mädgen gelangen sollte, vor Freude plötzlich starb. Eine vornehme Familie in Holland war in die Armuth gerathen, der älteste Bruder gieng nach Ostindien, schwang sich empor, und ließ seine bedrängte Schwester zu sich kommen, sie kam, er zeigte ihr die Kostbarkeiten, die er ihr schencken wolle, sie sah dieß, erstarrte und starb. Jouquet starb, da er hörte Ludwig der 14te habe ihm die Freyheit wieder gegeben. Search schränkt die gefährlichen Wirckungen der Freude etwas mehr ein, stimt aber doch in der Hauptsache mit den hier angeführten Grundsätzen überein, wenn er sagt: "man weiß, daß große Unordnungen im Körper daraus entstanden sind, wo selbst der Tod darauf erfolget ist; eine zu grosse Aufschwellung der Lebensgeister verursacht eine Erstickung, so wie uns ein starker Wind, der uns gegen Mund und Nase fähret, verhindert Athem zu holen; aber dieser hohe Grad der Freude ist selten, und entsteht vielleicht niemals, als wenn die Gefäße vorher durch entgegengesetzte Leidenschaften, durch Kummer, Furcht, oder Mangel leer gemacht worden sind. Der Anblick eines verlornen geachteten einzigen Kindes, Gnade die

einem

einem Missethäter unter dem Galgen angekündigt wird, Geld das einem äusserst bedrückten in die Tasche gestecket wird, kan so Wirckungen gehabt haben: aber dann auch diese Freude mit der Idee von der Befreyung von einem grossen Uebel verbunden, und dieß gab ihr eine doppelte Stärcke."
So gar ein heftiges lachen kan gefährlich seyn, und wenn es anhaltend ist, kan man sich in jene Welt hinein lachen. Zeuxis hatte ein altes Weib gemahlt, dieses Gemählde gefiel ihm so wol, da er fertig war, daß er sich darüber tod lachte. Philemon war mit seinem Freund in einem Garten, ein Esel trabte bedächtlich herbey, und fraß ihnen eine ihm wohlgelegene Schüssel mit Feigen auf, Philemon sagte, man solle ihm nun auch einen Becher mit Wein vorsetzen, der Esel soff, und Philemon lachte sich tod.

(Die Fortsetzung künftig.)

Aus

Aus dem Hamburgischen Gesundheits-Blatt, Elftes Stük.

Von den Verwahrungsmitteln bey
anstekenden Krankheiten.

Die Seuchen-Gifte sind überhaupt ihrer
Natur nach sehr verschieden, auch sind die
Oefnungen unseres Körpers vorzüglich, und
erhalten von dennenselben gleichsam Zunder
und Nahrung.

Das beste und sicherste Mittel, Anstekung
der Krankheiten zu verhüten, ist, daß man al-
len Umgang mit solchen, welche an dergleichen
Krankheiten darniederliegen, meide, und die
Oerter sorgfältig fliehe, wo die anstekenden
Krankheiten herschen. Diese nehmen zuweilen
eine ganze Gegend, eine ganze Stadt, oder
nur ein gewisses Haus, oder nur eine einzelne
Person im Hause ein. Leiden es die Umstän-
de so entferne man sich bey Zeiten von solchen
Orten, oder wenigstens hüte man sich, denen
Kranken darnieder liegenden nahe zu kommen.
Der kranke Körper hat eben so wol wie der
gesunde eine Ausdünstung, und ist gleichsam
mit einer besonderen Atmosphäre umgeben. Diese Dünste sind bey Kranken oft wirklich giftig, und
verrathen ihr schädliches meistentheils durch den
unerträglichen Geruch, welcher die Nase gleich
bey dem ersten Eintritt in das kranken Zimmer

me empfindet. Dieſer Geruch iſt ſo merklich, daß die Aertzte denſelben öfters als ein ſpecifiſches Zeichen der Krankheit anſehen können. So iſt zum Exempel, bey Blattern meiſtens ein Geruch, welcher den Geruch ſehr nahe kommt, den die Seiden=Würmer von ſich geben; In Frieſel iſt er offenbar ſaur, und in faulen Fiebern ordentlich faulartig. Nicht allein aber durch Ausdünſtung der Haut und den Athem des Kranken, ſondern auch mit dem Urin, Stuhlgang, auswurf der Bruſt und Naſe deßelben, gehen Unreinigkeiten weg, welche ſeine Nachbarſchaft vergiften.

Dieſe von den Kranken gleichſam überall ausgehende giftige Theile verbreiten nicht allein durch die ganze Luft des Zimmers oder Hauſes, ſondern wenn mehr Kranke in einer Straße oder einem Orte wohnen, durch die ganze benachbarte Gegend. Fängt ein Geſunder davon etwas auf, ſo wirket dieſes wie ein Ferment oder eine Fäulung in ſeinen Körper, und das aufgefangene Theilgen ſey noch ſo klein, ſo verdirbt es doch bald die ganze Maaße ſeiner Säfte. Je genauer der Umgang mit einem ſolchen Kranken iſt, deſto größer iſt natürlicherweiſe die Gafahr, angeſtekt zu werden. Die Erfahrung beſtätigt es täglich, wie ofte alle Perſonen in einem Hauſe, entweder zugleich, oder meiſtens nach und nach von der Krankheit heimgeſucht werden, und die Reihe fängt gemeiniglich bey den liebſten Perſonen des Patienten an, weil dieſe am

mehr

mehrsten um ihn sind. Den Kranken zu [...]
en, bey ihm zu schlafen, ihm die Hä[nde]
geben, ihn auszun und anzukleiden, ihm Nah[rungs]
mittel oder Arzneyen zu reichen, oder [...]
des Bettes worin er krank gelegen ha[t, die]
Kleider und Deken, der Gefäße wor[aus er]
gegessen und getrunken hat, seiner Nacht[ge]
schirre oder Nachtstühle und dergleichen zu be[-]
dienen, alles dieses ist gefährlich, und gi[ebt]
Gelegenheit, daß man angestekt werde. Per[-]
sonen, welche nothwendig um den Kranken,
theils zur Aufwartung und Pflege desselben seyn,
müssen folgende Vorsichtsregeln beobachten:
Man muß sich überhaupt nicht zu lange bey
dem Kranken aufhalten; fordert es Nothwen[-]
digkeit und Wohlstand, lange bey ihm zu blei[-]
ben, so gehe man öfters aus dem Krankenzim[-]
mer, um frische Luft zu schöpfen. Ohne Noth
nähere man sich nicht dem Bette des Kran[-]
ken, besonders wenn er schwitzt, und man büke
sich nicht über ihn her: sondern halte sich so
weit von ihm entfernt, als es ohne den Kran[-]
ken empfindlich zu machen, geschehen [kan.]
Muß man ja nahe bey ihm seyn, weil s[olches]
der Patient verlangt, so halte man a[llenfalls]
ein mit Eßig befeuchtetes Tuch vor M[und]
und Nase. Man meide vieles Sprechen [im]
Krankenzimmer, und ziehe den Othem n[icht]
stark an sich. Man gähne und schlafe n[icht,]
noch weniger esse und trinke man etwas b[eym]
Krancken. Man rauche Toback, wenn an[ders]
das Rauchen dem Patienten nicht beschwer[-]
lich

li[ch] fällt. Und geht man zu solchen kranken, [ge]schehe es ohne Furcht, und man ver[su]che erst vor dem Eintritt, zumal wenn [man T]reppen bestiegen hat, und schlucke we[der v]or dem Krancken-Zimmer, noch in dem[selb]en, den Speichel hinter. Alle diese Vor[sich]tsregeln beobachte man hingegen so, daß der Kranke, wenn er bey Verstand ist, es nicht merkt, daß seine Krankheit so ansteckend ist. Man sey aufgeräumt, und ja nicht furchtsam; die letzteres sind, werden am häufigsten angestekt. Furchtsame Dünsten weniger aus, als aufgeräumte Personen.

(Die Fortsetzung künftig.)

Von der Reinlichkeit.

Reinlichkeit wird nicht nur zum Wohlstand sondern auch zur Erhaltung des Lebens und der Gesundheit erfordert; und die Pflicht, reinlich zu seyn, erstrekt sich auf alles, was den menschlichen Körper angeht, auf Zubereitung und Gunst der Speise und des Tranks, auf Kleidung, Wohnung, Hausgeräthe, kurz auf alle leibliche Bedürfnisse.

So wol vor, als in unserer Wohnung, wo wir athmen und leben, müsse Reinlichkeit herrschen;

ſehen: denn Schmuz und Unreinigkeit füll[en die]
Luft mit bösen Dünsten an.

Reinlich und trocken ſey Kleidu[ng und]
Wäſche, die unſeren Körper bedeck[en, wie]
auch Betten, ihre Ueberzüge und Bett[tücher:]
denn alles das ſoll den Schweiß in ſich [ziehen]
und den Leib rein halten.

Bey ſchmuzigen u. durchſchwitzten Kleidung[s]
Stücken, die den Leib zunächſt berühren, lö[ßt]
ſich, wenn ſie auf unſerem Leib warm werden,
der in denſelben hängende Schmuz, durch die
Wärme aufgelöſt, und durch Einſaugungs[:]
röhrchen in den Körper geleitet, vor die
Schweißlöcher und ſtört die Ausdünſtung:
Auch kan ſolche Kleidung und Wäſche die
Dünſte, welche vom Blut abgeſondert, aus
unſerem Körper ausſtrömen, nicht in ſich zie=
hen; Die Dünſte bleiben alſo auf der Haut
liegen, kehren theils in den Leib zurück, theils
verſchlieſſen ſie die Schweißlöcher, die ſtets
offen ſeyn ſollen.

Man ſoll auch keine Kleider von Kra[nken]
anziehen, weil man ſonſt ihre Krankheit [be=]
kommen kan: und ich kan hier nicht überge[hen,]
daß man auch den Todten keine Kleidu[ngs=]
ſtücke, welche noch lebende Perſonen kurz
vor getragen haben, mitgeben dürfe, weil au[ch]
da die Dünſte aus dem Grabe, Verderben u[nd]
Tod bringe. Traurige Erfahrungen beſt[ä=]
tigen die Sache in beyden fällen: was erfuhr
nicht die Mutter des frühzeitigen Gelehrten
Bara=

gratier, die ihrem Sohne kurz vor seinem ◼︎◼︎rben Strümpfe von sich angezogen hatte, u◼︎ ◼︎n damit begraben ließ? Sie schwall, ◼︎wand am Leibe, und hätte man nicht ◼︎◼︎sache entdeckt, und dem Verstorbenen ◼︎ Strümpfe abgezogen, und ins Wasser geworfen, so würde alle Kunst der Aerzte sie nicht vom Tode errettet haben: aber von der Stunde an besserte es sich, und sie genas wieder.

Ich will die Richtigkeit nicht entscheiden, daß Lebende dadurch eine Krankheit, Auszehrung und den Tod sich zugezogen, weil sie Tücher, Hemden; und andere Kleidungsstüke, die von ihnen Schweißtheile in sich enthalten, dem Toden mit in Sarg gegeben hätten, so müßte das Schweißtuch p. p. als ein beförderungs- oder Hülfsmittel angesehen werden, wodurch die würkende Kraft der bösen ausdünstungen des Todes, sich bey dem Lebenden thätig bewiesen, und durch eine Einwirkung in den Leib des Lebenden die Krankheit verursachet hätte, und so könte das Schweißtuch oder das Mitgeben deßelben ins Grab, als ein Anzeigen und Omen von der Krankheit des Lebenden betrachtet werden. Die Möglichkeit davon zu entwickeln, seze ich voraus, daß die gleichförmigen (Homogenen) Dünste und Ausdünstungen der Körper in der Welt sich durch Linien fortzupflanzen pflegen, so, daß diese Ausflüßen wenn sie auch noch so subtil sind—sich bis zu ihrer Urquelle zusammen ketten. Denn

ein

ein Hund spüret oft eine große Strecke
ges seinen Herrn aus, so wie auch die
Hunde das Wild auszuspüren geschickt
wenn gleich keine Fußtapfen der Th[ie]-
sern sollen, wie denn in trokenen
Tagen der Hund nicht nach den Fehr[ten spü]-
ren kan. Wie ist dieß möglich, wenn [der]
Mensch, oder das Wild keine Ausflüß[e]
Linien zurük läßt? Gewiß der Geruch fü[hrt]
den Hund durch die Reihe von Homoge[nen]
Ausdünstungen— durch die Linie, die der
Mensch oder das Wild gegangen — Der
Bliz nimmt auch seinen Gang nach der Reihe
und Linie von schweflichten und brennba-
ren Dünsten. da nun ein Schweißtuch, das
von einem Ort zum andern getragen wird, eine Reihe von Ausdünstungen auf dem Wege,
wohin es getragen wird, zurück laßen kan, die
sich an den Menschen von dem diese Evapora-
tionen ausgegangen sind, anketten, so könn[en]
auch die gistigen und flüchtigen Theilchen des
Verstorbenen, die durch die starke Auflösung
Gährung und Fäulniß desselben in die Höh[e]
[st]eigen, durch die ganze Reihe bis zu dem [le]-
benden fortwirken, und ihm mitgetheilet [wer]-
den. Was sollen aber solche Gifttheile [anders]
als Unordnung und Krankheit in lebenden [Kör]-
[p]ern können? Kan der Magnet in das ent-
fernte Eisen durch Hülfe der Ausdünstun[gen]
wirken, so scheinet auch das Wircken der Todte
aus dem Grabe in einen entfernten Mensch[en]
nicht ganz unmöglich zu seyn.

Lucas

Etwas aus der Schatz-Kammer, und unterschiedlicher anderer vortreflichen rarer und neuer Curiositäten.

Darinnen allerhand seltsame Recepte und ungemeine Geheimnisse, bewährte Arzeneyen, Wissenschaften und Kunst-Stücke zu finden.

Syrup, vor die so in letzten Zügen liegen, und sich nicht wieder erholen können.

Nehmet Rosen-Wasser, und so viel der Königin von Ungarn-Wasser, und Candelzucker, lasset ihn bey gelinden Feuer darinnen schmelzen, daraus macht man einen Syrup, welcher mit Zimmet-Wasser vermischet, wunder thut bey denen, so in letzten Zügen liegen.

Wider die Pest.

Nehmet ein Quentin Cardobenedicten Kraut, zu Pulver gemacht, in einem Glas Wein, welches vor und nach der Pest hilft.

Der Saft von Cardobenedicten Kraut als Syrup bereitet, ist auch sehr gut dafür.

Ein geschwollen Knie zu heilen, da der Brand zu schlagen kan.

Machet ein Pflaster von Milch-Krömen von weissen Brod und Honig, Butter und

und Eibisch-Wurzel, alles wol gestossen mit einander vermischet, und leget es üb[er] Schmerzen.

Vor Gebrechen der Aug[en.]

Nehmet ein frisch Ey, lasset es [...] am Feuer hart kochen, schneidet es entzw[ey] und nehmet den Dotter heraus, wenn das g[e]schehen, so drucket es klein in ein Gefäß, hernach giesset Regen-Wasser darüber, und las[set] es eine Nacht miteinander weichen, den ande[rn] Morgen seiget es durch und thut dazu eine Hasselnuß groß Tutia, und lasset dieselbige darinnen zergehen, und gebrauchet davon also, daß ihr einen Tropfen davon ins Auge fallen lasset.

Ein anders dafür, welches ein Geheimnuß gewesen ist des Marschalls Torsten Sohns in Schweden.

Nehmet Rosen-Waßer, Wegbreitwasser, [...] des 2 Unzen, Brunnen-Waßer, Fenchel-Waßer, jedes 2 Unzen der besten Aloe pulverisirt ein Loth: Thut alles auf einen Marmurstein mit dem weissen vom Ey und menget es wol, biß die Aloe zergangen. Wenn man es gebrauchen will, machet man davon etwas warm in einem silbern Löffel, und thut davon des Abends und Morgens einen Tropfen ins Auge.

Die

Die Heilung des schwarzen Starrs durch die Electricität.

Wundarzt erstattet in dem Journal Brinique einen Bericht, von dieser glücklichen Cur. Es war ein Kind ohne Fieber und Kopfschmerzen an beyden Augen blind geworden. Man fand beyde Augensterne so erweitert, daß gar kein Regenbogen im Auge zu sehen war, und es schien die durchsichtige Hornhaut blos ein schwarzer Flecken zu seyn. Das Kind konte nichts von der Sonne sehen, und es zeigte sich nicht eine Spur von den Irisfasern, kurz: das Kind war stockblind, und hatte den schwarzen Starr. Man befestigte einen Drath, der die Glaskugel berührte, an dem Fuß, und einen andern an den Kopfe des Kindes. Man gab dem blinden Kinde einige starke Erschütterungen, worauf man es zu Bette brachte, darinnen es bis auf den folgenden Tag in starken Schweiße liegen blieb, am Morgen konte es schon das Fenster sehen, und die Pupille bekam schon etwas vom Ringe. Nun setzte man das Electrisiren fort, der Stern erhielte einige Federkraft, sich zu erweitern, und zu verengern: und das Kind bekam in fünf Tagen sein vollkommnes Gesicht wieder. Vor dem Electrisiren hatte man ein Blasenpflaster in den Naken gelegt, und etliche Tage lang daselbst liegen lassen. Vor die Colica, und daß sie nicht wieder komme, nehmet die erst subtillste Schale von der Pomeranzen, eine Unze, und Gewürz-Näglein auch so viel, lasset es

mit

mit einem guten Glas Wein, den dritten
einkochen, das gebt zu trinken, so wird es
fort und vor allezeit helffen.

Harnen zu machen, ob man es gleich
in vierzehen Tagen nicht thut,
und den Stein und Grieß fort.

Nehmet Hirtz-Gras mit seiner Wurtzel, waschet es wohl und trocknet es, stosset es
starck in einem Mäßgen blancken Wein, weichet,
man muß von diesem Kraut ohngefehr zehn
oder zwölf Pflantzen nehmen, durch ein Tuch
wol austrucken, und dem Krancken zu trincken
geben.

Ein zusammenziehendes Mittel das bluten
einer Wunden oder Nasen zu stillen.

Nehmet die äussersten Gipfel von den aller-
zartesten Nesseln, die reibet zwischen den
Fingern, oder in einem Mörsel, und leget sie
auf die Wunde, so wird sich daß bluten gar
gewiß stillen.

Für das dreytägige Fieber

Nehmet zwey Quintlein von dem Syrup
von Cardobenedicten, in einem Glas voll
Wasser, wenn der Frost ankommt.

Vor die so der Schlag gerührt.

Nehmet sieben oder acht Tropfen von Ros-
marin Oel in einem Glas voll guten
Wein, merket, daß der Krancke muß aufge-
richts sitzen und reibet ihm wol den Magen
damit,

damit, auf daß diese Artzeney wol durchdringe, wird das erste mal nicht helffen, so wird es das andere mal thun.

Ein sehr kräftiges Wasser, welches die Zähne stärket, und bewahret das Zahnfleisch für Fäule.

Nehmet gleich viel Wasser und Wein-Eßig, und lasset es mit Gewürtz Näglein Saltz, Pfeffer, und ein wenig guten Brandwein aufsieden, machet ein Gurgel-Wasser davon.

Ein anders.

Nehmet den Saft von Schellkraut, welches ihr von einander schneiden und auf die Zähne thun sollet.

Gegen den Biß von tollen Hunden.

Trank ein Mann in Frigul aus Versehen eine grosse Menge Weineßig, und wurde gesund.

Mit einer Bley Kugel zwey Löcher zu gleich, auf einen einzigen Schuß zu machen.

Man lege quer über in die geöfnete Kugelform einen Pappierstreif dergestalt ein, daß unter und neben denselben, Platz für den Guß übrig bleibe, schliesse die Form, und giesse das Bley ein, welches aber nicht so heiß seyn muß, daß es das Pappier verbrennt, so zerspaltet die abgestossene Kugel in zwo Hälften, und verdoppelt

…elt die Wunde. Kettenketten müssen von grossen Kaliber, und Kugeln Bley und Zinn haben, wenn sie ⟨…⟩ner, Elephanten, oder Flußpferde ⟨ver⟩wunden wollen, weil die Bley⟨⟩ Knochen flach wird, und die g⟨…⟩ nicht zerreißt.

Eine besondere Art Fisch zu fangen.

Nehmet Camillen-Oel und thut es in ein⟨e⟩ Phiole, und wenn ihr fischen wollet, ⟨muß⟩ ⟨man⟩ Erdwürme haben, und sie in dem Oel ⟨in⟩ gedachter Phiole sterben lassen, und von diesen Würmern an den Angelhacken stecken. Die bequeme Zeit zum fischen ist Morgens von 5 bis 6 Uhr.

Die Fische an den Ort wo ihr sie hinbegehret zu bringen.

Nehmet Fett vom Igel, Mumie, Gallbanum, von jedem 2 Quentlein, Bisem ein Gran, guten Brandwein 2 Unzen, mischet alles zusammen in einer Erdenen Schale über gelinden Feuer, und rühret es um biß es dicke wird wie ein Muß, verwahret es in einer Bleyern Schale, damit reibet den Angelhacken oder die Angelschnur oder den Kork, so werden alle Fische herbey kommen.

Ein anders.

Nehmet eine Gedärme vom Igel (wo es keine von diesen Thieren gibt, möchte es vielleicht von einem andern dieselbe Dienst thun)

thun) welches der Darm oder das Eingeweide ist, schneidet es in Stücken, und thut es in eine gläserne Phiole, verstopfet sie wol mit Wachs, hernach setzet es in gar warmen Roßmist, und lasset es zum Oel werden, welches in 10 oder 15 Tagen geschehen wird, hernach nehmet eine Unze Teufels=Dreck, und waschet es mit dem gemeldten Oel, so wird es alles werden wie ein Honig, damit beschmieret ein Seil, Steken oder Angelruth, oder auch den Koder an dem Angelhacken.

Ein anders.

Nehmet Fleisch von Häring, thut es in einen wohl verlutirten Topf mit Bisem, Ambra und Zibeth, setzet den Topf in einen Kessel voll Wasser, lasset es so lange sieden, biß ihr erkennet, daß gedachtes Fleisch sich in ein Oel verkehret, alsdann nehmet die Flasche heraus und das Oel aus derselben, damit bestreichet eure Angelschnur, so werden alle Fische kommen, und davon nehmen wollen.

Ein Licht unterm Wasser zu brennen, Fische damit zu fangen.

Nimm ein lang hohl Geschirr, darinnen ein Holtz ist, worauf ein Licht stehen möge, kehre das hohle Geschirr unter sich im Wasser, so brennet das Licht unter dem Wasser, und kommt kein Wasser hinein wegen der Luft.

Vögel

Vögel mit der Hand zu fangen.

Weichet das Getraide in star[ken] wein ein, und streuet es [wo die Vö]gel ihren Aufenthalt haben, so [werden sie da]von trunken.

Zu machen, daß eine Flint we[it trage.]

Thut einen guten Schuß Pulver in eu[er] Gewehr, und anstatt des Pappiers, sto[s]set es wol ein, hernach habt ein zart [Tuch mit] Steinöl angefeuchtet, damit umleget die Ku[]gel, und darauf noch ein wenig Kampfer, de[n] ihr nicht viel stossen sollet.

Ein Licht das nicht kan ausgelöscht werden.

Füllet einen Hanfstengel mit lebendigen Schwefel, und umwindet ihn mit Lappen, hernach mit Wachs, und zündet ihn an.

Die Raupen von den Bäumen herab fallen zu machen.

Füllet einen neuen Topf mit glühenden Kohlen, und tragt darauf Weyrauch, gemeinen Schwefel und schwarz Hartz, und haltet den Topf unter die Aeste, woran die Raupen seyn, dieser Rauch wird sie herunter fallen machen, und sie tödten.

Die Wantzen zu vertreiben.

Menget starken Weinessig und Rinds-Gall untereinander, und waschet damit eure

Bett:

Bettstollen, und unter das Hauptküssen leget Wallwurtz, ist bewährt.

Ein anders.

Nehmet Rindes-Gall und Hanföl, vermischet es miteinander, und bestreichet die Fugen und Bettstollen damit, so wird an dem Ort, wo ihr es angestrichen habt, keine Wantzen hinkommen.

Die Flöhen zu tödten.

Giesset auf ein Pfund weißen Vitriol einen halb Eimer Wasser, und wenn der Vitriol zergangen, so besprenget mit diesem Wasser die Kammer.

Auf eine andere Art.

Besprenget die Kammer mit gekochter Rauten, so mit Thiers-Harn vermischt, das ist bewährt.

Die Fliegen sterben zu machen.

Thut Tabak-Blätter in einen Topf, und lasset sie 24 Stunden in Wasser weichen, hernach thut darzu Honig, und lasset es zusammen eine Stunde kochen, alsdenn thut Rocken Mehl darein, als wie Zucker, dieses locket die Fliegen an sich, und alle, die davon trinken, sterben gewiß.

Bewährtes Kunstück, im Wasser oder sonst ersoffene Fliegen wieder lebendig zu machen.

Man bestreue selbige mit geschabter Kreide, und lege sie an die Sonne, oder lege sie in warmer Asche, so werden sie bald aufstehen, und davon fliegen. (Obschon diese Kunst von keinem Nutzen ist, so mag es doch ein vortreffliches Mittel zum Nachdenken seyn, die gehörige Wirkung dessen zu erforschen.

In der Nacht nach der Uhr zu sehen.

Man füllet eine Kugel von Glas, so die Grösse eines Kinderballes hat, mit gereinigtem Quecksilber, und bewegt die Kugel gegen das Zifferblatt, so scheint, wie in den Barometern, und am Reibekissen der electrischen Maschine, ein hinlängliches Licht, um den Stand des Zeigers an der Uhr unterscheiden zu können.

Ohne Beyhülfe eines Demands, ein Glas, Spiegeltafel, oder so gar ein Stück Chrystall, so dick er auch sey, nach der mit Dinte vorgerissenen Zeichnung auszuschneiden.

In dieser Erfahrung vereiniget sich der Nutzen, und die Abwendbarkeit mit dem Vergnügen; man hält sich auf dem Lande auf, wo man keinen Gläser oder Spiegelmacher bey der Hand hat. Die folgende Anmerkung ersetzt die Stelle der Demante und Glasschneider hinlänglich.

Man nimt ein Stück vom Holze des Walnußbaums, welches die dicke eines Wachsstockes hat; man schneidet das Ende spitz zu, hält diese Spitze ins Feuer, und läßt es zu einer brennenden Kohle werden.

Unter

Unterdessen, daß dieser Nußzweig brennt, zeichnet man die Figur, nach welcher man eine Glastafel oder dem Chrystall ausschneiden will, mit der Feder und Dinte hin. Hierauf macht man mit Hülfe einer Feile oder mit einem kleinem Stückgen Glas einige Einschnitte an denjenigen Orten, wo man den Anfang des Schnittes zu machen hat. Alsdann nimmt man das Holtz aus dem Feuer, hält dessen Kohlspitze etwa eine halbe Linie von der bemerkten Stelle ab, man bläset beständig auf diese glimmend Spitze, um dieselbe glüend zu erhalten, man fährt damit nach der Vorzeichnung fort, indem man jederzeit bennahe eine halbe Linie zwischenraum läßt, und zwar jedes eine Kohle aufsetze, welche man durch das anblasen, glimmend erhalten muß.

Hat man die Zeichnung überall genau begleitet, so darf man zur Trennung der Glas-Zeichnung, nur das Glas nach oben und unten ziehen, da sich dann die Felder desselben nicht von der Figur ablösen, und die Figur aus dem Glase eben so ausgeschnitten darstellt, als an einem ausgeschnittenen Pappiere.

Eßig aus Wasser Wein, oder Bier zu machen.

Man feuchte ein paar Loth Weinstein mit dem stärckften Weineßig an, und wiederhohle dieses. Nach zwey Tagen werfe man denselben in ein Maaß Weineßig, füge dazu einen klein zerfasernen Bogen Papier,

pier, um die Mutter zu bekommen, und bedecke die Krute—an einem lauwarmen Ort. Statt des verbrauchten Eßigs, gieße man Regenwasser wieder zu. Sonst giebt Sauer ncy geröstetes Brod, geröstete Erbsen, wenn man sie in Bier legt, und an einen warmen Ort stellet, Biereßig, alter Eßig, Bier, oder Wein, verstärkt sich, wenn man diese Flüßigkeiten zu Eiß frieren lässet. Die Klatschresen,—so zwischen dem Getreide wachsen, färben den Eßig roth. Indessen ist es eine für alle Haushaltungen nützliche Warnung, daß man keine in Kesseln von Kupfer gekochte Milch, Sauerampfer, kurtz keine Säure, und alle vegetabilen enthalten mehr oder weniger Säure, in Kessel kalt werden lasse, sondern so geschwind als möglich ausschütte, ferner, daß aller Eßig in Kupfer, Zinn, und in Bley, folglich auf den Zinnern Tellern, die ohnedem viel Bley enthalten, zu einem zukersüßen Gifte werden; welches die gewisse Auszehrung zur Folge hat, so wie alle unsere Töpfer Waaren aus Bleykalk bestehen. Verdiente nicht die Gesundheit so viel, daß man auf eine unschädliche Töpfer-Glasur eine accademische Preis Aufgabe sezte?

Aller angesetzter Eßig verdirbt, wenn man ihn von der pergamentartigen weißen Mutter entblößt, die sein Ferment ist; man lasse ihm also die nöthige Wärme, und seihe ihn, wenn er völlig sauer geworden, in Kruken, durch die man verstopft in den Keller bringt.

Den

Den Eßig vor dem Verderben in der Haushaltung aufzubewahren.

Die leichste Art, den Eßig lange aufzubewahren, ist folgende: Man stelle den Eßig in einer oder mehr Bouteillen in einen Kessel, der Wasser enthält, über das Feuer, damit er eine halbe Stunde, oder etwas länger, stark koche, und nachher auf Bouteillen gezogen werde. Dieser Eßig erhält sich mehrere Jahre so wohl in freyer Luft als in halbgefüllten bötteul, ohne schleimig zu werden, u. die Apotheker können ihn statt des gemeinen Eßigs, zu den zusammengesetzten Eßigen gebrauchen, die sonst ohne einen destillirten Eßig trübe werden und umschlagen.

Bier, den Sommer und mehrere Jahre hindurch, gegen die Säure zu bewahren.

Der heisse Sand in welchen sich todte Körper in Egypten und Arabien lange Jahre hindurch unversehrt erhalten lassen, so wie man Blumen, in andern Ländern, Monate lang in troknen Sande frisch aufbewahrt, giebt den Grund zu diesem Versuche her. Wen man ein Bierfaß, sowohl verspündet ist, auf drey, gleich weit untergelegte Steine, in einen vierseitigen Bretterverschlage, unbeweglich niederlegt u. überall eine Handbreit hoch, mit getrockneten Sande beschüttet, so erreicht man dadurch die vorgemeldete Absicht. Zur Bequemlichkeit muß der Zapfen der Tonne, so wie der Zwikzapfen, durch den man beym Auszapfen, die Luft langsam einläſt, lang hervorgehen. Unten am Kaſten befindet ſich ein verſtopftes Loch, welches man öfnet, wenn man den Sand, unterhalb dem Kaſten wieder ablaufen laſſen kan.

Einfaches Mittel Quellwaſſer unter der Erde zu entdeken.

Im Frühlinge ſchmelzt der Schnee an Stellen früher wo verborgene Quellen ſind, und dieſe verrathen ſich dadurch von ſelbſt. Wo im Sommer, und Herbſt bey dem Aufgange der Sonne, auf dem Felde weder Thau noch Reif zu ſpüren iſt, da doch die Nebenſtellen damit bedekt ſind, da kan man ein Waſerader vermuthen. Eben dieſe Anzeige gibt auch eine Stelle, wo das Getreide nicht fortkommen will, ſondern klein und halmlos ſteht, da das übrige Feld ein gutes Getraute trägt. Wo Krauſemüntze, Färberröthe und andre Pflanzen gedeyen, welche einen naßen Boden lieben; wo bey heiterem Wetter, beym ſtärkſten Schnee, zarte Nebel aufſteigen, da iſt ebenfalls Waſſer zu vermuthen.

Zu verhindern daß der Wein nicht ſauer werde.

Nehmet ein wenig von geſaltzenen geſchmolzenen Wachs, ſchüttet es durch den Spunden in die Tonne, doch daß es nur oben herſchwimme, ſo wird er nimmermehr ſauer.

Die

Die Weinprobe, oder die Verfälschung des Weins.

Junge und saure Weine, sind die tägliche Gegenstände von der Gewinnsucht gewissenloser Weinhändler. Am unschädlichsten wären noch die Zusätze von Zucker, kleinen und grossen Rosinen, Heidelbeeren, Holunderbeeren, Holunderblüthe, Sandelholtz, Scharley, Mußkatellerkraut. Allein die mineralische Beymischungen, von Kalk, oder andere verschluckende Erden, um den Weine, einen Theil seiner Säure zu benehmen, oder auch die Digerirung einer kleinen Menge Weins, mit Silberglätte, um durch die Bleyauflösung, so wie durch aufgelößten Bleyzuker, davon jährlich einige hundert Pfunde, an die Weinhändler nach Frankreich und Spanien, aus Holland versendet werden, sind so gefährlich, und die traurige Erfahrung bestätigt es, daß von solchen vergifteten Weinen, Magenkrämpfe, Verstopfung, Kolik, Lähmungen, Contracturen, und die Auszehrung hervorgebracht worden. Folglich wär es für jeden Weinhändler eine dringende Gewissenssache, seine Weine von sichern Orten kommen zu lassen, und die angekommne sorfältig zu untersuchen.

Die Chemie lehrt, daß sich das, in einer Säure aufgelöste Bley, durch die Schwefelauflösung schwarz niederschlägt. Aus diesem Grunde wählte man ein Wasser von Auripigment und lebendigen Kalcke, nämlich zwey Loth,

pulvirsirten Auripigment, in vier Loth pulverstr-
ten frischen lebendigen Kalcke, und 24 Loth Waf-
ser gekocht, filtrirt, und in verschlossenen Glase
aufbehalten. Oder man löse bloß eine Schwe-
fe eber, aus Alkali und Schwefel in Wasser
auf. Es macht diese, in dem kritischen Wein
eingetröpfelte Weinprobe, einen schwarzen, o-
der braunen Niederschlag, wenn der Wein
mit Bley verfälsht ist. Doch es zeigt sich e-
benfalls ein dunkler Niederschlag, in Weinen,
die durch Zucker versüst sind, im eingekochten
Moste, von Holundersaft, oder auch bloß von
der astringirenden Schärfe der eichnen Fäs-
ser. Und aus dieser Ursache ziehet man die
folgende Weinprobe vor.

Man koche zwey Maaß des verdächtigen
Weins, gelinde, bis zur trokne ein; man bren-
ne die getroknete Substanz, in einem offnen
Schmelztiegel zur Asche. Diese Asche redu-
cire man durch einen phlogistischen und salz-
gen Zusatz, wofern darinnen Bley gewesen, zu
Bley, und man versichert sich durch das Bley-
korn, von dem bleyischen Innhalte des Wein-
fasses.

Bier einen sehr lieblichen Geschmack zu
machen.

Hänge ein halb Pfund rothe Benedictenwurz
mit etwas Wilder Salben zu dem Bier.
Oder, nimm ein leer Weinfaß, ziehe Bier
darauf, so bald der Wein daraus ist, so nimm
das

das Bier den Wein Geschmack an sich, und wird schön klar.

Eßig in trokner Gestalt zu machen zur Reise.

Nimm Weinstein, lege ihn in guten Eßig neun oder zehen Tage, troknet ihn wieder an der Sonne, lege ihn wieder zehen Tage in guten Eßig, trokne ihn wieder, alsdann stoß ihn klein zu Mehl, davon ein wenig in ein Glas Wein gethan, wird als bald guter Eßig.

Eis im Sommer zu machen.

Nehmet eine erdene Flaschen, darinn sechs Peint gehen, thut darinn zwey Unzen gereinigte Salpeter, und Florentinische Viol Wurtz ein Loth, und füllet diese Flasche mit ganz siedheisen Wasser, verstopfet sie wol, und lasset sie alsofort in einem Brunnen hernieder, und lasset sie zwo oder drey Stunden allda bleiben, ziehet die Flasche heraus, und schlaget sie entzwey, das Eiß heraus zu bekommen, welches gar hart und gut seyn wird, wie das natürliche.

An jedem Wintertage, natürliche frische Blumen aufzuzeigen.

Man schneide zur Sommerzeit die vollkommenste und reifste Blumenknospe, welche dem aufplatzen nahe ist, nebst ihrem, drey Zoll langen Stängel, mit einer Scheere ab. Den Stängelschnitt verklebe man mit Wachs, oder Siegelwachs. Fängt die Knospe an, etwas runtzlig und welck zu werden, so strecke man sie in eine Pappierrüte, und verschliesse sie in einer Schachtel. Hier bleiben die Blumen bis den Winter an einem gemäßigten Orte, in ihrer Schönheit, sonderlich wenn man die Türe ganz mit getrokneten und erkalteten Sande überschüttet. Im Winter setzt man die fe vorjährige Blumen, von deren Winter man das Wachs abgenommen, in ein Wasser, worinnen, ein wenig Salpeter und Salz aufgelöst worden, und man hat am folgenden Morgen das Vergnügen, eine Rosen Knospe, oder Tuberose aufblühen zu sehen, und ihren Wohlgeruch zu bewundern.

Problem einen zwölf Fuß langen Ast, von welchem Baum es sey, mitten im Winter abzunehmen, und in 24 Stunden zur Blüthe und Frucht zu bringen.

Man säge im December, Januar oder Februar den längsten und dicksten Ast von einem Baume, in der Mittagsstunde, und im Sonnenscheine ab, wenn der Frost am heftigsten ist, lasse denselben 2 Stunden lang in einem fliessenden Strome, wo dieser offen ist, liegen, damit das Wasser aus der gefrornen Rinde den Frost herausziehe, und die Schale der Knospen erweiche. Hierauf bringe nun den Ast in eine erwärmte Stube, und richte ihn in einem hölzernen Kasten, worinnen man ihn feste bindet, in einem Gefässe mit Wasser in die Höhe. In die es Wassergefässe wirft man ungelöschten Kalck, welchen man aus 12 Stunden lang darinnen läßt; weil man ihn

nach

nach verlauf dieser Zeit heraus nimmt, und frisches Wasser zugießt. damit er nicht zusehr treibe. Damit das Wasser nicht faul werde, schüttet man so viel Vitriol zum Wasser, als man für 3 Pfennige im Kaufe gibt.

Das artigste dabey ist dieses, daß die Blüthen ehe als die Blätter heraus kommen. Will man den Trieb mäßigen, so lasse man den Kalck weg, und verfährt sonst wie gesagt worden; in diesem Fall erscheinen die Blätter ehe, als die Blüthen. Wirft man aber frischen Kalck nach, so erscheinen die Blüthe in 24 Stunden, und nachher die Frucht und Blätter. Dieser Versuch kan mit Pfersichen, Kirsch, Mandel, und Birnbäumen, u. s. w. vorgenommen werden, und ich habe diese Erscheinungen einigemahle, mitten im Winter, mit Verwunderung betrachtet. So mächtig ist die vegetierende Trieb des Kalckes, und dieser ist so starck, daß ich einen Birnbaum, der um Johanne ganz und gar von Raupen entblättert war, da ich um seinen Stamm Kalck, so ich mit Küchensalz zusammengeschmelzt hatte, und begoß, nicht nur zum neuen Laube brachte, sondern auch an seinen Aesten die Stacheln die der wilden Natur damit herauf trieb.

Samuel Halle.

Die Kornerndte einträglicher zu machen.

Ein fleißiger Landmann in der Picardie hatte seit einigen Jahren wahrgenommen, daß sich unter dem Getreide allezeit einige Aehren befänden, ten, welche röthlich aufsahen, das ist, ihr Stroh ging von den gewöhnlichen gelben Strohfarbe in das röthliche über. Er sammelte davon die Ähren, und fand die Vergleichung mit andern sehr auffallend, er las sie also heraus, und säete sie besonders. Die Erndte dieser einzelnen Aehren übertraf die Hofnung des Landmanns. Er setzte also die wenig mühsame Auswahl weiter fort, und er bekam endlich zwölf tausend rothe Garben, gegen die gewöhnliche neun tausend und zwar von demselben Lande, und der Markt bezahlte den Sak Weitzen von der rothen Art, mit drey Livers mehr. Selbst der Strohhalm blieb länger, und zäher. Indessen wechselte doch gedachter Landmann alle sieben Jahre mit dergleichen rothe Weitzen ab, und scheint, das rothe Korn das ursprüngliche Weitzenkorn, und das übrige nur eine langjährige Ausartung des Himmelsstrichs, und des Bodens zu seyn. Ohne Zweifel würde das wiederholte Umwechseln des Saatkorns, von bessern Boden, die Aerndten ergiebiger, als der beste Dünger allein machen.

Methode, das Auskeimen, und Auswachsen des Getreides in den Garben, und auf dem Felde zu verhüten.

Der Landmann siehet oft mit dem größten Mißvergnügen, seine Erndte, durch die vielen Regen in Gefahr, auf dem Felde zu verfaulen, und dadurch den Grund zum künftigen Brande zu legen. Man hat daher folgendes

des Verfahren, in den Nachbarschaften von Flandern, mit dem besten Erfolg nachgemacht.

Man stekt drey und einen halben Fuß lange Stäbe, welche noch einige Reiser an sich haben in die Erde, und leget die Schwaden dergestalt um die Stäbe, daß die Aehren zu oberst zu liegen kommen. Den Untertheil zieht man in die Breite, damit die Aehren einwärts gekehrt bleiben. und man stellt so viel Garben um jeden Haufen herum, bis derer zehen sind Jedesmal werden drey zu unterst in Garben fest gebunden, die Garbe grade aufgerichtet, und man knikt das Stroh, damit die Aehren auf beyden seiten gleich aus niedersinken mögen. Wenn dieses geschehen ist, so legt man die Garbe, welche wie ein Schirm anzusehen ist, über die Aehren der zusammengestellten Schwaden, und man erlangt dadurch, wenn gleich das Getreide viel Regen ausstehen muß, daß es, demohngeachtet doch reift, sich gut dreschen läßt, und sich durch die Sonnenhitze nicht krümmet, oder schwer wird.

Das Mittel, den Reif und Frost, zur Blüthe Zeit von den Obstbäumen, und Weinstöcken abzuhalten.

In Ungern hat man die Gewohnheit, um die Weinstöcke herum einen Graben zu ziehen, wohin man alles Laub zusammen bringt. Wenn nun der Winzer im Maymonat Reif und Kälte wahrnimmt, so bemerkt derselbe die Gegend, wo der Wind herkomt, und man zündet mit Stroh, das alte Laub, und die Reiser im Graben, von der Windseite an, und der Wind muß den Rauch gegen den bereiften Weinstock, oder Obstbaum hintreiben, um, mit Hülfe der Sonne, den Reif aufzurollen.

Von demjenigen was ein Liebhaber Pferde beym Einkaufe derselben zu beobachten hat.

1. Wenn man ein Pferd einkaufen will, ist es gefährliche, im voraus von demselben eingenommen zu seyn, weil man alsdenn, dessen Mängel zu erkennen, nicht vermögend ist. 2.) Man muß auf die Beredsamkeit des Verkäufers, womit er gemeiniglich sein Gespräch ausschmücket, um den Käufer zu zerstreuen, und zu übertäuben, im geringsten nicht achten. Man sey ein Kenner, und bloß darauf bedacht, das Pferd vom Kopfe bis zu den Füßen, mit der grösten Aufmerksamkeit zu untersuchen, und wende die Augen nicht eher davon ab, als bis man durch seine Untersuchung völlig befriedigt ist. Wenn jemand ein Pferd von welcher Gattung es auch sey kaufen will, muß sich derselbe zuvörderst bemühen, es in dem Stall ruhig zu untersuchen und zu sehen, ob es sich abwechselnd von einem Beine auf das andere erleichtere, oder ob es einen Vorderfuß hervorsetze, welches ein Zeichen ist, daß es müde Beine habe.

Ehe er es zum Stall heraus führen läßt, muß

muß er es an der Thüre still halten laſſen, und daſelbſt ſeine Augen unterſuchen, weil es um dieſelben recht betrachten zu können, hinten dunckel ſeyn muß. Wenn das Pferd heraus geführt iſt, iſt das Erſte, was er zu thun hat, daß er ihm in das Maul ſehe, um ſich von deſſen Alter zu unterrichten.

Die Kranckheiten der Pferde.

Ein Pferd iſt krank, wenn es Ekel gegen das Futter hat, wenn ſeine Auge ſtarr, wild und thränend iſt, wenn die Ohren kalt, und der Mund heiß iſt, und ſchleimt; wenn es den Kopf hängen läßt, wenn die Haare in den Weichen bläſſer werden, wenn das Pferd Unruhe empfindet, wenn die Flanken klopfen, der Gang wankend wird.

Vom Aderlaſſen.

Bey den Pferden ſchlägt man, wenn ein Aderlaſſen nöthig ſeyn ſollte, bald die Lincke, bald die rechte Halsader, und das höchſte Maas ſind zwey Pfund.

Wenn ein Pferd ein Fell über das Auge hat, ſo kan ihm durch folgende, ſehr approbirte Mittel geholfen werden.

1.) Nimm Schellkraut * ſamt dem Bluſt, zerſtoſſe es, und preß den Saft davon, thu ihn in ein Glas, und hänge es an
die

---

* Schellkraut (Schwalbenkraut, Chelidonium) iſt ein wildes Heilkraut, das gekerbte Blätter hat, und eine gelbe Blume trägt; hat einen gelben Saft, am Geſchmacke bitter. Es wächſt überall an Mauern und Zäunen.

die Sonne, bis sich das alte setzt, dann nimm das klare, und thue gepulvert Schellkraut darunter, und streiche dem Pferd davon mit einer Feder in das Aug, des Tags 2 mal; dieses Mittel ist oft probirt, und bewährt befunden worden.

2.) Nimm venedisch, oder nur sonsten recht weisses Glas, mache es zu feinem Mehl, blase dem Pferd mit einem Federkiel, oder sonst einem Röhrlein, Tags 2 bis 3 mal in das Auge, so wird sichs gewiß bessern.

3.) Nimm gebrannten Schnecken-Häuflein 1 Quintlein, weissen Vitriol, Aloes, jedes 2 Quintlein, Salmiac, 1 Scrupel, weissen Zucker-Candel, 1 Quintlein, mache alles zu einem Pulver, und blase es dem Pferd wie vorherstehendes, in die Augen.

Darmgicht der Pferde.

Der Darmgicht der Pferde zu begegnen, wenn du etwann auf der Reise wärest, oder sonsten nichts haben kanst; so schütte dem Pferd warmen Brunz in einem Schuh in den Halß.

Zu Hause versiehe dich jederzeit darzu, daß du Camillen bey Händen habest, damit wenn du die Darmgicht bey einem Pferde verspühret, so decke es mit einer Decke zu, und lege von den Chamillen auf eine Gluth, und beräuchere das Pferd wol damit hinten und vornen.

Oder halte folgendes Pulver in Bereitschaft:

Missing pages 79-80

dem Pulver die Woche ein oder zweymal ei=
nen Löffel voll auf dem Futter.

Daß ein Pferd soll die Würm das ganze Jahr
nicht beissen; tränke sie im Frühjahr ab Bir=
kenlaub, oder von Eschenrinden 10 Tag lang.

Krankheiten des Hornviehs, Hülfs=
mitteln dagegen.

Unter den gewöhnlichsten Krankheiten des
Rindviehs, deren Ursprung, und Cur unsre
glaubige Voreltern, ebenfals auf die Rechnun=
gen der Zauberinnen schrieben, komt der bluti=
ge Harn mit vor, welcher in der Provinzial=
sprache, Weidebuch genannt zu werden pflegt.
Dieses Uebel ist ein Werck der Grasung, es
ereignet sich im Frühlinge und Sommer, durch
den Wechsel der Weideplätze, wenn man das
Vieh, so bisher auf dem Felde gegrast, mit
einmal in die Wald=Weide übertreibt. Das
von den saftigen Waldkräutern angegriffne
Rindvieh krümt sich, läßt das Futter stehen,
und verlangt nur zu saufen. Zur Cur gehört
ein warmer Stall, gesundes troknes Heu, und
man läßt es vier und zwanzig Stunden dür=
sten. Täglich gibt man ihm zweymal, nämlich
jedesmal ein Quart Aufguß von junger frischen
Eichenrinde, und zwey Stunden drauf, ein
Quart frische Schaafmilch. Den Aufguß las=
se man acht Stunden lang auf Eichenrinde,
oder der Rinde von wilden Castanienbäumen
braun, wie starckes Bier ziehen. Das junge
Rindvieh erhohlt sich bald im Stalle, und bey
troknen Futter wieder; hingegen pflegen alte

G Kühe

sehr leicht an dieser Erweh[...] der Harngefäße zu sterben, wenn man [...] ihren Unterleib und Nieren Gegend, d[...] wie wollenen Decke bedecken erwärmt.

Die Fe[...] der A[...]milch [...]
tel [...]gen.

Wenn eine frische Milch, welche [...] graues Ansehen hat, einen Rahm an[...], welcher die Farbe von abgekochten blau[...] muße hat; so hält es schwer, daraus Butter zu machen, und es ist diese Butter [...] gefleckt, ekelhaft, ohne Geschmack, und [...] Auf der Buttermilch schwimmen blaue Bläsgen. Zum theil können hier die Milchg[...] wenn sie [...] wohl ausgewaschen, gekocht und gescheuert werden, sondern einen faulen Geruch angenommen haben, Ursache von der Fehlerhaften Milch werden. Folglich muß man die Milchzuber, Butterfässer und Milchschüsseln äusserst rein halten, oft mit Stroh scheuren, und an der [...] troknen. Eben so muß die Milchkammer reinlich gehalten, und oft gelüftet werden. Doch auch ein verdorbnes Futter, eine ungesunde Weide, und die unregelmäßige Fütterung, verursacht den blauen Rahm, der durch scharfe Säfte, oder durch eine Art Skorbut seyn, Entstehn bekommt. Man reiche also dem Vieh troknes Futter, und einen Tranck von einem Quart guten Bier mit einem Löffelvoll Theer, und etwas Salz die Morgen. Das Saufen sey verschlagen, und Nahrhaft.

Im

Jn Reichb[ra]ten wird das Vieh traurig, es richtet sich [die] Haare auf, die Milch vergeht, und die [Au]gen fallen ein. Man stelle Brantweinssch[alen] unter seine Nase, und lasse den Dampf [un]ter einem Tuche in die Luftröhre eindrin[gen,] wird diese Lungensucht an[halt]end, so [thue] das Aderlassen, und alle sechs Stunden darauf, ein Glas Eßig mit halb so viel, und einem Pulver und einem halbe[n] Loth Schwefel, eben so viel Salpeter, und [ei]nem Lothe zerstoßener Alantwurtzel. Das laue Getränke wird aus Gerstenmehl und Ehrenpreis bereitet.

Wenn eine Kuh nicht kalben kan.

Nimm schwarzen [Toback], [ei]nen lang[en,] gepulvert Araan=Wurtz. [2] Quintlei[n] Schwefel 1 Loth.
siede solchs mit 3 Schoppen Wasser, hernach durch ein Tuch gesiegen, und auf 3 mal eingeschüttet.

Daß aber eine Kuh [leicht] kälbern soll, so brauche 14 Tag zuvor, die [na]chkommende: Nimm Leinsaamen 3 Handvoll, siede ihn mit 3 Maaß Wasser, und schütte es der Kuh 3 Abend nacheinander ein, dieses löset der Kuh ab, wann ihr angewachsen wäre, wenn sie aber kalben soll, so mache ihr eine Suppen von Brod=Rinde, und schütte ihr dieselbe ein.

Wenn eine Kuh Blut in der Milch giebet.

Nimm Ringel=Blumen=Kraut, nach Belieben, und gebe es der Kuh zu fressen, siede auch

das

das Kraut mit Wasser, und ●●●●● ●●● Sud das Euter darmit, hernach ●●●● ●●● Sud auf eine Gluth, und laſſe den ●●●●●● an das Euter gehen.

Bewährtes ● Bewahrungs●●●●●●● anſteckende Krankheiten ●●●●●●●

Gegen anſteckende Rindviehſ●●●●●●. Merkmal das ſträubige Haar, ein ſchauer●● des ●●●●● am ganzen Leibe, kalte Ohren und ●●●●●, eingefallene rothe Augen, eine flieſſende Naſe, Eckel gegen alles Futter, troc●● ne Zunge, ſchwarzer verbrannter Koth, und ſchwerer Athem iſt, muß man keine Zeit ver● lieren, ●●●● ●●●● am vierten, oder ●●●●● Tage, an dem bösartigen Faulfieber. Die Cur fange ſich mit einem Halß oder laſſen von vier Pfunden Blut ●●; denn am dritten Tage wird das Aderlaſſen ſchon tödlich. Das laue Leinöl, ſo ●●● ●●●● eingießt, muß ein halbes Pfund be●●●●●●, und zum Kliſtiere nimmt man Koch=S●●●●●●●eßig und Leinöl. Das Futter iſt Roggenmehl und Molcken, oder Kleye mit zerſtampften Kürbiſſen. Man erwärme dadurch den Leib mit decken, räuchere den Stall mit Weineßig auf heiſſen Steinen, und gebe alle drey Stunden, ein Pulver von einem Pfunde Salpeter, einem Pfunde weiſſen Weinſtein, und vier Loth Kamfer, jedesmal ein Loth in lauem Waſſer ein. Die Fieberhitze nebſt dem ſchweren Athem, linder● ●●●●●●; Honig und Salpeter im lauen Waſſer zum Getränke, und damit wäſcht man

auch)

auch oft, vermittelst eines Schwammes den Mund rein. Täglich wird das kranke Vieh, um die Schweislöcher zu eröfnen, zweymal gestriegelt. Gegen heftigen Durchfall dient Leinöl und Kleyenmolken.

Die Ursachen der Krankheiten des Hornviehes.

Die Ursachen der Hornviehseuche sind der Melthau, schädliche kalte Nebel, das zufrühe austreiben in den Reif, und gefrohrnes Gras, modriges Wasser, Eiswasser, Kälte auf heisse Luft, heisse dumpfige Ställe, zu viel Sonne auf ausgedörrten Wiesen, Mangel am Saltzlecken, faules Futter, der Mangel der Luftlöcher im Stalle, und der Umgange mit angestecktem Viehe.

An=

Anhang
zum Zweyten Theil

Unter den vielen Gaben und Seegen, womit uns die göttliche Vorsehung beglücket hat, verdient ohne Zweifel die Gesundheit mit den ersten Platz. Es erfordert daher alle unsere Sorge und Aufmerksamkeit, dieselbe durch die uns geschenkten Mittel zu befördern und zu erhalten. Die Erfahrung hat es bestätiget, daß der Gebrauch bewährter Arzneyen, wenn sie zu rechter Zeit und gleich beym Anfang gefühlter Beschwerden genommen werden, unter Gottes Seegen nicht nur ernstliche Unpäßlichkeiten und schmerzhafte Krankheiten verhütet, sondern auch die Gesundheit befördert. Von solcher Art sind auch die hier empfohlene Pillen, welche durch lange Erfahrung vielfältige Versuche bey verschiedenen Krankheiten des menschlichen Körpers vor andern als vorzüglich befunden worden. Als ein Beweiß ihres hohen Werthes und grossen Nutzens, kann angeführet werden, daß sehr viele Familien, ja ganze Districte auf dem Lande diese Pillen zu beständigem Gebrauch halten; und dieses hat einen geschwinden Absatz derselben verursachet.

"Was die Verfertigung dieser Pillen betrift, so kan das Publicum versichert seyn, daß sie nichts anders als die aller unschuldigsten, mildesten und balsamischten Zuthaten in sich halten, und daß daher gänzlich frey sind von einigen schädlichen angreifenden, oder andere dergleichen Sachen, wodurch die Gesundheit oder wohl gar das Leben einiger Gefahr ausgesetzt werden könne. Für die Wahrheit dieser Behauptung verbürgen wir unsere Ehre und guten Namen, und bereiten ſen uns getroſt a[...] die Erfahrung derer die bisher Gebrauch von d[...] gemacht haben."

Ueberzeugende [...]iſe unſerer richtigen Geſinnungen gefälligſt erkenne[...] [...]eben, und zur mehreren Beförderung der uu[...] Bekantmachung dieſer bewährten Pillen, ſind [...]esunterſchriebenen willens, die [...]wünſchteſten [...] abzulegen; dem zufolge machen [...] hiermit b[...] daß wenn jemand Bedenken tragen ſolte, v[...] erſte Probe eine ganze Schachtel voll oder eine geringere Quantität zu kaufen, und doch gerne eine Probe damit machen wolte, der oder dieſelben in dieſem Fall, eine Doſis unentgeltlich haben ſollen (vorausgeſetzt, daß ſolche Perſonen in der Nähe ſolcher Orte wohnen, wo die Pillen zu haben oder in Commiſſion zu verkaufen ſind.)

Schon gemachte Proben von der Art, haben unſerer Kundſchaft einen erwünſchten Erfolg zu wege gebracht, und laſſen uns zuverläßig hoffen, daß dieſe Pillen, ſich fernerhin durch die Erfahrung ſelbſt am beſten empfehlen werden.

Bey den verſchiedenen Beſchwerden, denen der menſchliche Körper unterworfen iſt, ſind dieſe Pillen ſehr gut befunden worden; indem ſie den ſchwachen Magen ſtärken, die Verdauung befördern, verlornen Appetit wieder herſtellen; da ſie ferner die überflüßige Galle und wäſſerige Feuchtigkeiten abführen, die Milz reinigen, Bruſtbeſchwerden heben, Verſtopfungen auflöſen, und einige Fäulniß in den Eingeweiden, wodurch Krankheiten entſtehen können, verhüten.

In gewöhnlicheren Zufällen, als da ſind Kopfſchmerzen, (wenn dieſelben aus einem verdorbenen Magen entſtehen.) Schwindel, Ohrenſauſen, Entzündung der Augen, Blähungen, Aufſchwellung des Leibes, Magen-Colick und Mutterbeſchwerden, Bitterkeit im Halſe, Flüſſe; hauptſächlich in Krankheiten, welchen ſchwangere Weiber unterworfen ſind, bey plötzlichem Erſchrecken, beym Jucken und Ausſchlag an der Haut, welches von ſcharfen Säften herrührt, vor und nach den Blattern und andern Krankheiten, ganz beſonders in kalten

ten Futtern, wird man diese Pillen auch als ein sicheres
Hülfsmittel finden.

Eine einige dieser Pillen ge—— — ——
etliche mal vor dem Nachte—— ——
ständigen Kräften und ——, i— —— —— —— ——
Gall und Schleim ab macht —— —— —— ——
den Menschen zu guter G— — — —
ordentliche Zeit und Stund des —
Zils.

Die Art und Weise wie diese Pillen zu ——————.

Wen jemand wünscht von ob.ruehnten Kranckheiten
gründlich curirt zu werden, der muß 3 Tag Dintereinander beym zu Bette gehen diese Pillen einnehmen, am
ersten Tag 5, am zwenten 4, und am dritten 3 Pillen.
Am vierten Tage muß er ruhen, und dann auf obbe-
sagte Art fortfahren, und allemal am 4ten ruhen: und
dieses muß, so lange man es für nöthig findet, fortgesetzt werden. Ein jeder, der diese Pillen mit Nutzen
brauchen will, muß seine Leibes Beschaffenheit wol kennen. Dann schwache Constitutionen laxiren mit 4 Pillen, andere hingegen brauchen 5, 7, 10 oder mehrere. Sie fangen gemeiniglich 12 Stunden, nachdem man sie eingenommen hat, an zu wirken, und lassen niemalen Verstopfungen im Leibe zurück. Die Dosis für ein Kind von 6 Wochen ist eine halbe Pille,
für ein Kind von 1, 2, 3, Jahren, 1, 2, 3, Pillen.

Ins ganze können wir nebst Anempfehlung einer
guten Diät mit gutem Grunde sowohl aus selbsteingemachter als anderer Leute Erfahrung diese Pillen öffentlich
bekant machen und empfehlen, als eines der allerbewährtesten Hülfsmittel zur Erhaltung und Wiederherstellung der Gesundheit, welche doch das kostbarste
unter allen irdischen Schätzen ist: wiewol uns dabey
nicht unbewußt ist, daß wir dennoch verschiedenen Kranckheiten, welche ohne besondere Vermittelung der göttlichen Vorsehung alle Kräfte, auch selbst der stärksten
Arzeneyen vereitlen, unterworfen bleiben. Denn wir
sollen nie vergessen, daß wir täglich mit Schwachheiten

ten umgeben, daß ▓▓▓ sterbliche Wesen sind, und daß für den Tod kein ▓▓▓ut gewachsen ist.

N. B. Wenn ▓▓▓sie an einen trockenen Platz legt, so halten sie sich▓▓▓ Jahre.

Der HErr ▓▓▓her seinen Segen auf den Gebrauch dieser ▓▓▓ bey unsern Nebenmenschen ▓▓▓▓as Hirte in der zweyten Straße N. 118. die nächste Thür zur Witwe Räsern Wirthin und Jacob Ritter in der Front-Strasse, die 3te Thür unterhalb der Arch-Strasse, an der Banksseite, zu Philadelphia.

Oben erwehnte, Dr. van Swietens Pillen (wovon man das Recept durch besondere Gunst erhalten) sind zu haben bey folgenden Herren, Frantz Löscher, Gast-Wirth an dem obern End der zweyten Straß; in Germantaun, Peter Leibert, und Justus Fuchs; auf Chesnuthill, Samuel Saur; Readingtaun, Ehrhard Rooß, John Keim Esq. Abraham Wittman und Gottlob Jungman; Wummelsdorf, Henrich Hirsch und Georg Ehrenfeld; Tolppehaken, Henrich Spieker, Esq. und Jacob Reef: Libanon, Henrich Bühler und Leonhard Kehler; Schäfer-Stadt, Andreas Kapp; Litiz, Gottlieb Eichler; Lancaster, Charles Heinitsch und Jacob Frey; Mecalister, Frantz Gillmeir und David Niko, (Schulmeister); bey Abbetstaun, Doctor Heidler, 2 Meil von Mecalister; Yorktaun, Doctor Mundorf und andern; Friedrichstaun, Jacob Steiner; Höcherstaun, Peter Höflich, u. s. w. Winchester, Doctor Müller und Sperry; Baltimor, Nicolaus Tschudy; Haristaun, Peter Tönig; Schippach, Henrich Hunsäcker; Domensen, Georg Anders; Sackony, Charles Höd; Bethlehem, Doctor Freytag; Eastaun, William Raub; Buschkill, Nathanael Michler, und andern mehr.

Von der Arzeneykunst, und ihren Theilen.

Womit beschäftigen di[e ... der bis]her angeführten W[issensch]aften?

Mit den Gebrechen der mensch[lichen ...]

Giebt es nicht auch eine Wissenschaft, die sich vornehmlich mit den Gebrechen unsers Körpers beschäftiget?

Ja; und dieses thut die Medecin oder Arzeneykunst.

Worinn bestehet sie also?

In der Wissenschaft, welche die Gesundheit des menschlichen Körpers zu erhalten, und in zustossenden Krankheiten wieder herzustellen lehrt.

Was wird bey dieser Wissenschaft vorausgesetzet?

Die gründliche Kenntniß des menschlichen Körpers und des Baues seiner Theile.

Wo lernet man dieses?

In der Physiologie und der Anatomie, oder der Zergliederungskunst.

Wie ist der Bau des menschlichen Körpers beschaffen?

Ueberaus künstlich. Man trift in demselben fast eine unendliche Menge der künstlichen Maschinen

Maſchinen und [...]fäſſe an, die in der genau=
eſten Verbindu[...] miteinander ſtehen und eine
Menge manigf[...]r Bewegungen hervor bringen, ohne ein[...] zu hindern oder zu ver=
wirren.

Aus wie [...]eilen beſtehet der menſch=
[...]e Körper?

Aus zweyerley Theilen; aus feſten und flüſ-
ſigen.

Welches ſind die vornehmſten unter den
feſten Theilen?

Die Beine oder Knochen, Knorpel, allerley
Häute, Fäſern, Sehnen, Adern, Mäus-
lein, u. ſ. w.

Welche Theile des Leibes ſind vornehmlich aus dieſen Stücken zuſammen geſetzet?

Das Herz, die Lunge, die Adern, das Zwerch-
fell, der Magen, Eingeweide, die Leber,
die Milz, u. ſ. w.

Wozu dienet das Herz?

Es ſetzet das Blut in Bewegung, worinn
das Leben des Menſchen beſtehet.

Was hat die Lunge für eine Verrichtung?

Sie erfriſchet das Blut, und führet demſel-
ben durch das Athem holen neue Luft zu.

Wozu nutzen uns die Adern?

Die groſſe Pulsader führet das Blut durch
unzählich kleine Aeſte, bis in die äuſſerſten
Theile

Theile des Körpers, und *** führen es wieder zu dem Her***

Wozu dienet dieser Um***Geblüts?

Es wird dadurch allen *** die nöthige Nahrung *** ein jeder Theil für sich die *** ***igkeiten absondert, die vorher *** vermischt waren. So sondern z. B. *** cheldrüsen den Speichel, die Ma*** scharfen Saft, der die Verdauung befördert, die Leber die Galle, und die Nieren den Harn ab.

Woher kömmt aber das Blut?

Aus den Speisen, die der Mensch zu sich nimmt, welche durch den Magen in einen weissen Milchsaft verwandelt werden, welcher in dem Herzen eine rothe Farbe annimmt, und alsdann Blut genannt wird. Dieser Nahrungssaft ersetzet das Blut, welches sich bey seinem Umlaufe in das Wesen der andern Theile des Körpers verwandelt hatte.

Wie oft gehet dieser Umlauf des Blutes von statten?

Aus der Erfahrung weiß man, daß das Herz in einer Minute ohngefehr 60 mal schlägt; es wird also in einer Stunde 3600 mal schlagen. Wenn man nun annimmt, daß die linke Herzkammer 2 Unzen Blut in sich fassen kan, und dabey voraus setzt, daß sie sich bey einem jeden Herzensschlag ausleere; so müssen

sen in einer ●●●●● 7200 Unzen, oder 600
Pfund Blut ●●● Herz gehen. Wenn sich
nun alles Bl●● ●●●inen Menschen, wie man
gemeiniglich a●●●●●t, auf 25 Pfund beläuft:
so lauft die ●●●●●lutmasse in einer Stunde
●4 mal d●●●● Herz.

●ie heiſ● ●●●jenige Theil der Arzeneykunſt, de● ●●● Geſundheit erhalten lehret?

Die Diät●●ick.

Welches ſin● die vornehmſten Regeln ſeine Geſundheit zu erhalten?

Daß man Mäßigkeit im Eſſen und Trinken,
im Schlafen und Wachen beobachte, dem
Leibe die gehörige Bewegung verſchaffe, wodurch viel ſchädliche Feuchtigkeiten zerſtreuet
werden; und endlich, daß man ſich vor heftigen Leidenſchaften hüte, und eines ſtets ru-
higen, heitern und zufriedenen Gemüths befleiſ-
ſige.

Welches iſt aber der weitläuftigſte Theil
der Arzeneykunſt?

Die Lehre von den Krankheiten, und den
Mitteln ſie zu heilen.

In wie viel Wiſſenſchaften theilet ſich dieſe wiederum ab?

In die Pathologie, oder die Lehre von den
mancherley Krankheiten denen der menſchliche Körper unterworfen iſt, in die Thera-
pevtick, welche die innerlichen Krankheiten zu
heben,

heben, und in die Cheruru[...]che die äus-
sern Gebrechen und Kr[...] zu heilen
lehret.

Was für eine Wissen[...]
noch voraus[...]

Die Materia Medica, o[...]
natürlichen Heilungsmittel[...]

Welches ist die gewöhnlichste Ursach
der menschlichen Krank[...]en?

Die unordentliche Lebensart, [...] besonders
die Unmäßigkeit im Essen, Trinken und
den sinnlichen Vergnügen.

Welche Kunst kan man noch als einen
Anhang der Arzeneykunst ansehen?

Die Apothekerkunst oder Parmacie, welche
die vorgeschriebenen Arzeneyen bereiten und
zusammensetzen lehret.

Was für Wissenschaften pflegt man wohl
sonst noch zu der Arzeneyk[...] zu rechnen?

Die Botanick oder die Kräuterkunde, und
die Chymie; allein die erstere wird füglich-
er zu der Naturhistorie und die letztere mit
besserm Rechte zur Physick gerechnet. Was
von der Chymie zur Zubereitung der Arzeney-
en nöthig ist.

Freye

Freye prosa[ische] Uebersetzung einiger Sin[nged]ichte des Owen's

2. Fr[eundsch]aft, ein Schatten.

So bald [die So]nne scheint, ist der Schatten der [treue] Begleiter deines Körpers, so bald es trübe wird, verläßt er dich. Wahres Bild manch[er] Freundschaften!

1. Kürz[e] des menschlichen Lebens.

Dem neugebohrnen Kinde ist sein Leben noch zukünftig, der Greis kan es, als schon vergangen betrachten. Ziehst du nun von deinem Leben das noch zukünftige, und das bereits vergangene ab; was bleibt übrig?

An—
3. Ein Elender ist doppelt elend, wenn er zuvor glücklich gewesen. Ein Glücklicher aber doppelt glücklich, wenn er vorher elend gewesen.

Unmäßigkeit der Menschen.

Wir möchten gern unser Leben, wer weis, wie lange, fristen: doch verkürtzen wir es durch Wollust. Wir wollen also auch nicht, daß es verlängert werde: nicht durch uns selbst: lieber durch Aertzte.

Freyheit.

Wenn der Mensch glücklich ist, der da hat, was er will, warum wollen doch oft Menschen das, was sie gereuet gewolt zu haben?

Tugend

Tugend ❨■❩ Mutter ❨■❩ der Freyheit.
Nur der kan leben, wie ❨■❩, der da will
rechtschaffen leben.

Der Verschwender ❨■❩ Karge.

Dieser giebt nichts, bis ❨■❩
jener behält nichts, ❨■❩
er noch geben könte.

Verschiedene wirkungen des ❨Lobes❩.

Lob macht den Rechtschaffenen ❨■❩er; den
Lasterhaften schlimmer; den ❨■❩ ver=
hünger; den Narren aber ❨■❩närrischer.

Eigenliebe.

Anderer Fehler ❨sehen❩, und ❨seine eigene❩ nicht
sehen, das heißt für andere weise, und für
sich selbst ein Thor seyn.

Die Offenbahrung.

Du sagst, die Welt werde noch zwey und
neunzig Jahre stehen; Warum soll sie
nicht eher untergehen? Darum ❨sich❩ niemand
auf der Lüge ertappe.

Die Leiter der Höflinge.

Hinauf sind viele Stuffen zu ersteigen: her=
unter brauchst nur eine.

Das Leben.

Ist gleich einem Spinnfaden: lang, aber leicht
zu zerreissen.

Der wunsch.

Armuth und Reichthum mag ich nicht. Nicht
zu viel; nicht zu wenig: Genug ist mir genug.

Be=

Beschreibung,

des in Sicilien liegenden grossen feuerspeyenden Berge des Aetna.

Vom gegenwärtigen und ältern Zustande desselben.

Dieser Berg ist unter allen feuerspeyenden Bergen der berufenste und in ganz Sicilien der höchste Berg, daher er auch von den Seefahrern in der Ferne am ersten entdeckt wird. In der Ferne hat er das Ansehen eines ungeheuren Rauchfangs oder einer überaus grossen holprichten Säule. Die Einwohner nennen ihn durch eine seltsame Zusammensetzung eines Lateinischen und Arabischen Worts, Monte Gibello, oder kürzer Mongibello, (das ist: Berg Berg). Wenn man ihn von Catana aus besteigt, so ist er 30,000 Schritte hoch, auf der Seite vom Randazzo aber nur 20,000 Schritte. Sein Fuß und seine ungeheuern Seiten sind mit einer zahlreichen Menge kleiner Berge bedeckt, deren jeder seinen Ursprung einem grossen Ausbruche des Aetna zu danken hat. Er liegt übrigens ganz alleine, und von allen andern Bergen abgesondert; hat unten 100,000 Schritte im Umfange, ist rund, und steigt spitzig in die Höhe.

H Das

Das ganze Gebirge a#### man überhaupt und gewöhnlich in ##### einn davon die unterste die f######## die mittlere die ######## und die ########## heißt. Diese drey Regionen sin########### und ### Produciren nach, so wie ##############die dren Erdzonen. Die erste ########## Fuß des Aetna ungefehr 14 ######### (Englische) in die Höhe und ######## die schönste und fruchtbarste Landschaft ## der Welt. Sie besteht fast ganz aus L###, welche sich aber durch die Länge so viel ####hr hunderte in den tragbarsten Boden v######t hat, und hier wächst fast alles insond###### Zukerrohr: in der mittlern oder waldi#### Region aber trift man nicht viele ander######auben, als hin und wieder Weinstöcke unt## andern Bäumen, auf der Spitze aber trift man gar nichts, als aus gebrannte Schlaken ewigen Schnee an. In den Innersten des Berges b####t ein im##rwährendes Feuer, welches ####ch seine oftmaligen heftigen Ausbrüche die#n Berg von Alters her berüchtigt gemacht hat. Die Gluft auf seinem obersten Gipfel, bildet die Gestalt eines ungeheuren Bechers, und der Umkreis davon hält nahe zwey deutsche Meilen in sich, aus welchem Rauch und Flammen mit entsetzlichen Donner und Brüllen hervor dringen, und eben so fürchterliche Erscheinungen verursachen, wie oft beym Vesuv geschieht;—Die merkwürdigsten Entzündungen dieses Berges in neuern Zeiten, sind die von den Jahren 1169, 1329,

1329, 1408, 14.., 1447, 1536, 1537, 1554,
1669, 1693, ..53, 1755, 1757 und
1766 hat er zu...m stärksten gewütet. Einigemal, als 1.. ..537, 1669 und 1766 ist, so wie aus de.. ..v, ein erschreklicher Feuerstrom von de.. ..herabgeflossen. Durch seine Ausbr.... ..ergiessungen ist manche ..wüstu.. ..gerichtet worden; noch grössere ab.. haben die Erdbeben von Zeit zu Zeit auf dieser ..el Sicilien verursacht; nur dessen von 16.. zu gedenken, so sind dadurch, am 9ten 10ten und 11ten Januar, 15 oder 16 Städte und 18.. ..ndgüter, mit Menschen und Vieh ganz von .. ..er Erde verschlungen, und viele andere Städte, Dörfer und Landgüter guten theils verwüstet worden, und in allen 93,000 Menschen ums leben gekommen. Die Verwüstung betraf, überhaupt 972 Kirchen und Klöster. Und es ist nicht ganz ohne Grund wahrscheinlich, daß die Erdbeben gewöhnlich dann entstehen, wenn die Feuer Kanäle von den Bergen Vesuv und Aetna verfallen und verstopft worden sind. Denn es ist ausgemacht wahr, daß diese Berge miteinander genaue unterirdische Verbindung haben; haben oft zugleich gestürmt und Feuer ausgeworfen.

Von den Astronomischen Wissenschaften

Was für Wissenschaften rechnet man dahin?

Die Astronomie, die Mathematische Geographn, die mathematische Chronologie, und die Gnomonick.

Was ist die Astronomie?

Eine Wissenschaft, welche uns lehret, die Grösse, Entfernung und Bewegung der Himmelskörper ausmessen.

Wie stellet man sich das ganze Weltgebäude hier vor?

Als eine hohle Kugel, an deren Fläche von innen alle Sterne angeheftet sind, und sich um ihre Achse drehen, und in dessen Mitte sich das Auge des Zuschauers befindet.

Was ist die Mathematische Geography?

Eine Kenntniß der Erde, in sofern sie ausgemessen werden kan.

Was hat die Erde für eine Gestalt?

Eine Zirkelförmige.

Woher weis man solches?

Aus dem Schatten der Erde, den man bey einer Mondsfinsterniß siehet.

Was

Was wissen wir noch mehr von der Ge=
stalt unsrer Erde?

Daß sie keine vollkommene Kugel, sondern
nach den Polen zu eingedrückt oder flach
ist.

Wie groß ist also wohl die Erde?

Wenn man mitten über die Erdkugel reisen
wollte, so würde man etwa 32400 eng=
lische Meilen zurück zu legen haben, und wenn
man in einer geraden Linie mitten durch die Erd=
kugel wandeln könnte, so wird daß ein Weg
von etwa 10320 Meilen seyn.—

Von den

Schiffen und der Schiffahrt.

Was ist ein Schiff?

Ein Gebäude, vermittelst dessen, man auf dem Was=
ser fortkommen kan.

Wie theilet man diese Gebäude ein?

Nimmt man das Wort Schiff in der weitesten Be=
deutung, in welcher es so viel als ein Fahrzeug
ist, so kan man sie eintheilen, in Floßartige Fahrzeuge
und in eigentliche Schiffe. Jene haben keinen eigent=
lichen Kiel, wie die Flössen, Fähren und Prahmen, die=
se aber erheben sich auf einem Kiele vermittelst der
Borde.

Lassen sich die letztern nicht weiter eintheilen?

Allerdings. Denn man hat so wohl kleine als grosse
Schiffe. Zu den ersten gehören einige Arten von
Kähnen,

Kähnen, die Berke, Schaluppen, und darunter unter
die grössern, welche man *** *** *** *** schleidi-
bin Schiffe zu nennen pfleget *** *** *** niedern
in Hochborts, d. i. in Schiff*** *** *** beiden
oder Rändern welche nur S*** *** *** und in
Niederborts, d. i. Schiffe mit *** *** *** wel-
de sowohl Segel als Ruder *** *** *** ***
hören die Hukeren, Brigantin*** *** *** ***
Frigatten, Galioten, Schaauen, ***

Sind das die Eintheilu*** ***

*** Man kan sie auch na*** *** *** ***
*** *** eintheilen, und da fi*** *** Kauffahr-
teyschiffe, und die Kriegesschiffe, *** *** vornehm-
ften Arten derselben, besonders *** *** Hochborts.

Wie werden die Kriegess*** eingetheilet?

Nach Maasgebung ihrer Grö*** verschiedene Range. Die Franzosen haben fü*** Range, ein Schiff
vom ersten Range ist bey ihnen *** bis 180 Fuß lang,
und führet bis 120 Kanonen. *** Schiff vom zweyten Range ist 150 bis 155 *** lang, und *** 80
bis 90 Kanonen; eines vom *** Range *** bis
145 Fuß lang, und führet 60 bis 70 *** eines vom vierten Range ist 100 *** ***, und führet 30 bis 40 Kanonen; und endlich *** vom fünften Range beträgt 80 Fuß in die Län*** und hat 15
bis *** Kanonen; Die Holländer haben sieben Range,
die Engländer und übrigen nordischen Nationen nur
sechse. Die vom ersten haben 100 Kanonen, die vom
zweyten 90, die vom dritten 70 bis 80; die vom
vierten 50 bis 60; die vom fünften 30 bis 40; und
die vom sechsten 20.

Was sind aber Schiffe von der Linie.

Das sind diejenigen Kriegschiffe, welche so groß und
*** sind, daß sie in einem Seegefechte mit in der
Linie, d. i. in die Schlachtordnung gestellet werden
können. Dahin rechnet man nun diejenigen Kriegsschiffe, welche wenigstens 50 Kanonen haben. Die
Kriegs-

Kriegsschiffe, welche weniger als 50 Kanonen führen, sind nicht Schiffe von der Linie, sondern Fregatten, Corvetten u. s. f. genannt.

Wie viel Mannschaft gehöret zu einem Kriegsschiffe?

Die Zahl der Mannschaft richtet sich nach der Zahl der Kanonen. In Franckreich rechnet man auf jede 4 pfündige Kanone 5 Mann, nemlich einen Kanonier, 3 Matrosen und einen Soldaten; auf jede 6 pfündige Kanone 6 Mann, auf eine 8 pfündige 7 Mann; auf eine 12 pfündige 9 Mann; auf eine 18 pfündige 11 Mann; auf eine 24 pfündige 13 Mann, und auf eine 36 pfündige 15 Mann. Ein Schiff von 60 Kanonen, wovon gemeiniglich 26 Kanonen 18 Pfund, 26 zwölf Pfund, und 8 sechs Pfund schiessen, muß also 560 Mann haben. Die Engländer und Holländer rechnen auf jede Kanone einen Mann weniger.

Wie groß ist nun wohl ein Kriegsschiff?

Es ist schon vorhin angemerkt worden, daß ihre Länge nach dem Range sehr verschieden ist. Ein englisches Kriegsschiff vom ersten Range, welches 100 Kanonen führet, ist 163 Fuß lang, 44 Fuß breit, und 20 und ein Drittel Fuß tief, zu dessen grossen Segel gehören 363 französische Ellen Leinwand; zu allen Segeln aber werden 1404 Ellen erfordert. Das größte Anckerthau ist 600 Fuß lang, hat 20 Zoll im Umfange und wiegt 7772 Pfund. Alles zur Ausrüstung eines solchen Schiffes gehörige Tauwerck aber, wiegt roh, 164,263 und getheert 219010 Pfund. Ein Ancker, der 18 Fuß lang ist, wiegt gemeiniglich 5832 Pfund. Zu einem solchen Schiffe gehören 4000 grosse Eichen, 200,000 Pfund Eisen, und wenn ein Mann dasselbe allein bauen sollte, so würde er 140000 Tage, oder über 80 Jahre daran arbeiten müssen. Soll also ein Schiff in kurzer Zeit, z. B. in einem Jahre fertig werden, so muß man die Anzahl der Arbeiter darnach einrichten.

Ein

(104)

Ein solches Schiff wird also [...] ein Leben[...]
[...]mermahl. Ein Kriegsschiff [...] Kanonen [...]
Schiffsroll nicht mit [...] koster in England [...] Pfund Sterling, [...] zwey
tausend [...], und eines [...] Kanonen kostet
14[...] Pfund Sterling, [...]
[...]. Damit man sich von [...]
[...]dern Begriff machen könne [...]
[...] solchen [...]schiff[...] versehen.

Bauzeichnung eines französischen Schiff[...]
lange von 50 Kanonen

	[Pfund]	Sch.	[Pf.]
Burgundisch Eichenholtz			
Provenzalisches		0	[...]
Bor[...] Planken		0	9
Ander Holtz	[...]48	12	4
Brätter	2436	13	0
Eisenwerck und Nägel	1585	3	6
Andere Kaufmanns=Waaren	8591	8	0
Tischler und Schlosser	900	0	0
Küchen und Ofen	7[..]		
[...]	2[..]		
[...]	107[..]		4
Bleck und Rosen	221	1	0
Tagelohn	3[...]	0	0

Takelwerck und Zubehör.

Takelwerck	5[..]	0	0
Dicktau und Dünntaue	10[..]	12	0
Anker und Zubehör	[...]7	10	0
Masten und Segel zum Vorrath	[..]27	14	0
Neues Gewand zum Vorrath	1[..]	8	0
Kloben und [...] zum Vorrath	[..]35	0	0
Segel und Zubehör	[...]	16	4
Zimmermanns Werckzeug	2[...]	13	0
Schnitzel Werckzeug	1060	8	6
Pech [...]	246	14	5
Des [...]schmieds Kasten	3[..]	9	9

Des

	Livres	Sous	Pf.
Des Schiffers ██████zeug	718	16	4
Des Zimmerma██ ██nd Kalfa-terer-Werc██	763	11	7
Geräth zu den ████	70	2	1
Nagelwerck	104	8	6
Geräthe im ██	1353	0	7
██eu████	197	12	4
████ Both	632	2	8
██████apelle	300	20	0
███████en	934	7	2
Summa	287148	10	0

Ein französi██ ██ Kriegsschiff vom ersten Range mit 100 Kanonen wi██ ██ also nach diesem Abschlage etwa 600,000 Livres ██der beynahe 200,000 Thaler kosten.

Die Fortsetzung künftig.

Von der Haushaltungs-Kunst.

Worin besteht die Haushaltungs-Kunst?

J██ ██ Geschicklichkeit, die Vollkommenheit seines Hau██ zu befördern.

Was ist dabey vor allen Dingen nothwendig?

Daß alles was zur Haushaltung gehört, nach einem vernünftigen Plane geordnet werde.

Welches sind die vornehmsten Hindernisse einer vernünftigen Haushaltung?

Zwietracht, und Untreue bey den Hausgenossen.

Die Fortsetzung künftig.

Von der Religion.

Welches ist das vornehmste Stück dieses Verhältnisses?

Die Religion.

Was ist die Religion?

Die Art und Weise GOtt zu dienen.

Giebt

J

Ob es nicht ob d[...]
(I)st giebt eine wahre und [...] höhere Religion
heit.
Wie unterscheidet sich aber [...] Religion?
So wie die Theologen in b[...]liche und biblische
[...]heilen.

Was ist die natürliche [...]?
Diejenige, welche der Mensch a[...]
erkennen kann.

Was lehrt uns [...]?
Daß man Gott als das höchste [...]
Wesen über alles lieben und ver[...]

Wie unterscheiden sich die größten[...] von [...]?
Dadurch, daß sie uns die Art, G[...] dienen, nicht
nur vollkommener lehret, sondern [...] auch die Mittel an die Hand giebt, GOtt [...] eine ihm wohlgefällige Art zu dienen.

Können wir denn dieses und [...]en und selbst?
Nein, denn weil wir von Natur Sünder sind, so sind
auch alle unsere Handlungen sündig, und können
GOtt nicht gefallen.

Was ist die Sünde?
Eine jede Abweichung von dem Gött[lichen Gesetz].

Wie pflegt man die Sünde ein[zutheilen]?
In die Erbsünde, und in die wirkliche Sünde.

Was ist die Erbsünde?
Die Abneigung vom Guten und Zu[neigung zum Bö]sen, die uns angebohren wird, und [unser] ganzes Leben hindurch in uns bleiben.

Wie wird diese Erbsünde auch sonst genannt?
Das natürliche Verderben, das Fleisch, der alte Mensch,
der alte Adam; weil sie durch [Adams] Fall entstanden, und seitdem allen Menschen vererbt wird.

Was sind wirkliche Sünden?
Alle diejenigen welche durch Ge[dan]ken, Worte und
Werke wirklich begangen werden.

Wie werden sie wiederum ein[getheilt]?
[In] verschiedene Arten derselben. [Unwissen]heits- und Begehungs-Sünden, [...]
und Unterlassungs-Sünden, u. s. w.

Was ███ ██e Folge der Sünde?

Der Todt, der zu███ch die Strafe derselben ist.

Wo███t der Todt?

Die Beraubung ███ebens.

Wie███ ist der Tod?

So vielfach, a██ ███ Leben ist. Es giebt einen geistlichen Tod ███ ███ der Beraubung des geistlichen ███ ███ natürlichen Tod, der in der Be███ ██en Lebens bestehet, und einen ewi███ ███eraubung des ewigen Lebens.

███ein Mittel aus diesem unglücklichen ███ Zustand zu kommen?

Ja!

W███ bestehet dasselbe?

In dem Glauben an JEsum Christum.

Wer ist JEsus Christus?

Der wahre und eingebohrne Sohn GOttes, der in die Welt gekommen und Mensch worden ist.

Warum denn das?

Damit Er das menschliche Geschlecht mit GOtt wieder versöhne, und das grosse Werk der Erlösung zu Stande bringe.

W██ ██ben wir bey dem Erlöser des menschlichen Geschlechts zu bemerken?

Seinen gedoppelten Stand, nehmlich der Erniedrigung und den Stand der Erhöhung.

Was rechnet man zu seinem Stande der Erniedrigung?

Seine niedrige Empfängniß und Geburt, seine arme Erziehung, seinen Aufenthalt unter den Menschen, sein grosses Leiden, seinen Tod am Creutze, und sein Begräbniß.

Wo wurde Christus gebohren?

Zu Bethlehem im jüdischen Lande, von der Jungfrau Maria.

Was gieng bey seiner Geburt merkwürdiges vor?

Die Engel verkündigten selbige den Hirten zu Bethlehem, und den Weisen im Morgenlande erschien ein Stern, der sie nach Bethlehem führte, wo sie den neugebornen Erlöser anbeteten, und ihm Geschenke brachten.

Wie verhielt sich Jesus Christus ... ... und in seinem ... ...?

Er war keinen Ehren ... ... verdiente doch was ... Brod mit ... ... daß er ... ...

Was ging bey diesem ... ...?
... er sich von diesem Volk ...
... äußerte sich der ... ...
in Gestalt einer Taube ... ...
... ... hören, welche rief:
Sohn ... ... ihr hören.

... ... nach dieser feyerl... ...?
Er gieng umher, lehrete die Menschen ... Weg ...
... ..., bestätigte seine Lehre ... Wundern, und
ließ ... Spuren seiner Wohl... ... zurück.
... Er sich in diesem ... ... keiner ...?
Ja, er bediente sich dabey der Hülfe seiner Jünger
oder der zwölf Apostel, welche Er sich aus der ...
ringsten Gattung Menschen erlesen hatte, und welche
in den Wahrheiten des Heils unterrichtete.

Wer ward aber seine Lehre aufnehmen...
Schlecht; die grossen verfolgten ihn, ...
...orten und Charakter hasseten ...
es endlich dahin, daß man ihn als einen ... ...
fangen nahm, und ihn auf die schmer... ... ...
lichste Art hinrichtete.

Wurde denn seine Lehre dadurch ...?
Nein, sie zeigte sich nunmehr in ihrem herrlichsten
Glanze, und wurde auf die ... ... Art
ausgebreitet.

Was beförderte die ...?

Der Stand der Erhöhung Christi?
Was rechnet man ...
Seine siegreiche Auferstehung von ... Tod, ...
... Himmelfahrt, ... erfolg...
Sitzen zur Rechten Gottes, des Vaters, und sei
künftige Wiederkunft zum Gerichte.

Was haben wir di[e] gedoppelten Stande unsers
    Erlös[ers] zu verdanken?

Dieses, daß wir [im]mer der göttlichen Gnaden-
    wohlthaten t[eilhaf]tig werden können.

    Worinn be[stehen] die Gnadenwohlthaten?

Darinn, daß de[r Sün]der auf das kräftigste zu der
    durch Chri[stum er]langten Seligkeit eingeladen
    [wird, welches die B]erufung heisset.

    [Was] folget hierauf?

[Wenn der Sünder] dem Rufe folget, so erhält er das
    [Vermögen,] sich seine Sünden, und seine Gefahr,
    aber auch [JEsum] seinen Versöhner, und dessen verdienst
    auf das lebhaf[teste] zu erkennen, welches die Erleuchtung
    genannt wird.

    Was hat die Erleuchtung für eine Folge?

Es entstehet nunmehr in dem zerknirschten Herzen des
    Sünders der wahre Glaube, als der Anfang des
    geistlichen Lebens, welches die Wiedergeburt ist.

    Was folget auf die Wiedergeburt?

Die Rechtfertigung, in welcher dem gläubig geworde-
    nen Sünder die Gerechtigkeit JEsu zugerechnet, und
    [die] Schuld und Strafe der Sünde ihm erlassen wird.

    Und auf die Rechtfertigung?

Die innigste Vereinigung JEsu, mit dem gerechtfer-
    tigtem Sünder.

    Was hat diese für Folgen?

Die Erbsünde wird entkräftet, und das neue geistliche
    Leben immer mehr gestärcket, so, daß der Mensch,
    das Böse besie[g]en, und das Gute ausüben kan, welches
    die Erneuerung und Heiligung heisset.

    Was für Mittel bedienet sich GOtt bey Ertheilung
    dieser Wohlthaten?

Seines geoffenbarten Wortes, sowohl des Gesetzes,
    als des Evangelii, und der Sacramente.

    Was hat der Mensch dabey zu thun?

Daß er sich diese Ordnung gefallen lasse, unter wel-
    cher GOtt diese Wohlthaten zu ertheilen verspro-
    chen hat.

    Was gehöret zu dieser Ordnung?

Eine wahre Buße und Bekehrung, wozu die Zerknirsch-
    ung des Herzens, die Aenderung des Sinnes,

und

und der Glaube an ████████ ██████ ██████, oder
den sogenannten guten Wercken ████.

Was folgt hieraus?

Ein jeder Mensch verlieret ███ ██ eine █████ ██
████████ des ██████████ ██████ ██ ████,
██████ vor ihm und andere ███████ ██████
dessen.

Da nun den Gläubigen folget ███████████
Stand der ██████ ███████ ██.

████ ████ ███ ██ ██ ██ ██

Dem zeitlichen Tode müssen sie ████ ████████
werden, aber er ist ihnen keine Str████, sondern
eine ████████.

Warum?

Weil er ihnen eine Thür ist zu ihrem weit schönern
Leben, welches ohne Ende ████ wird.

Wie wird dieses Leben auch sonst genennt?

Der Stand der ewigen Herrlichkeit, oder die Se-
ligkeit.

Worinn wird selbiges bestehen?

Das können wir nicht genau bestimmen. ████████
aber wird sie in einer nähern Ver███████
Gottes bestehen, welche denn eine unaussprech████
verursachen wird.

Das wird aber denen widerfahren, die, die Gnade
██████████ Gottes in diesem Leben, nicht haben
brauchen wollen?

Sie werden von dem Angesichte Gottes verstoßen
werden, und dadurch die fürchterlichsten ████
senwisse und Kräfte der Seele leiden, einen Zustand,
welchen, die Heilige Schrift die Hölle, oder ewige Ver-
dammniß nennet.

Die ████ ████████ Religion, ████ die zwei beschrie-
bene Wahrheit le██████

Die Christliche.

Den Nam hat sie diesen ████████
████████████, ihrem ersten Stifter und Lehrer.

██ ██ des Zweiten Theils.